# 别输在不会表达上

周维◎著

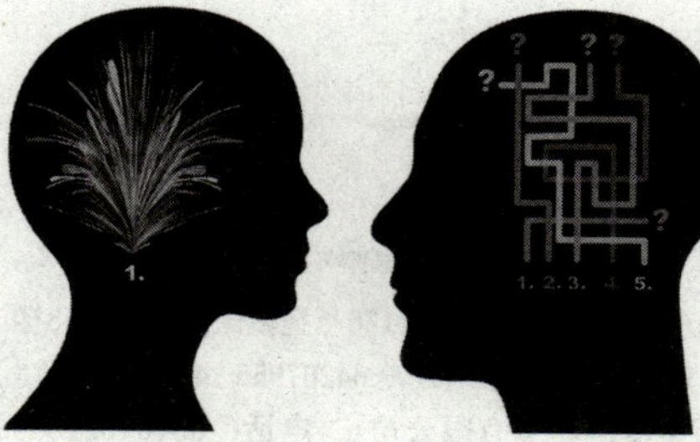


北京时代华文书局

**图书在版编目（CIP）数据**

别输在不会表达上 / 周维著. -- 北京 : 北京时代华文书局, 2019.7
ISBN 978-7-5699-3069-6

Ⅰ. ①别… Ⅱ. ①周… Ⅲ. ①语言艺术－通俗读物 Ⅳ. ①H019-49

中国版本图书馆 CIP 数据核字 (2019) 第 107797 号

**别输在不会表达上**
**BIE SHU ZAI BUHUI BIAODA SHANG**

著　　者 | 周　维

出 版 人 | 王训海
选题策划 | 王　生
责任编辑 | 周连杰
封面设计 | 尚世视觉
责任印制 | 刘　银

出版发行 | 北京时代华文书局 http://www.bjsdsj.com.cn
北京市东城区安定门外大街136号皇城国际大厦A座8楼
邮编：100011　电话：010-64267955　64267677
印　　刷 | 三河市金泰源印务有限公司　电话：0316-3223899
（如发现印装质量问题，请与印刷厂联系调换）
开　　本 | 889mm×1194mm　1/32　印　　张 | 6　字　　数 | 114千字
版　　次 | 2019 年 7 月第 1 版　印　　次 | 2019 年 7 月第 1 次印刷
书　　号 | ISBN 978-7-5699-3069-6
定　　价 | 38.00元

# 目 录
C O N T E N T S

## 第五章 语气轻松，用幽默化解尴尬



## 第六章 酒席宴前，话要说得到位

## 第七章 面试不难，要说到考官心坎儿里



## 第八章 谈判中主动就是先机，快人一步胜券在握

## 第九章 交友语言要注意，让嘴有个把门的



## 第十章 谈情说爱，会谈才有爱

# 第一章
# 好口才是受用一生的资本

**别 输 在 不 会 表 达 上**

人们天天在说话，却不一定能把话说好，什么叫会说话？就是要把话说得活，说得精，说得巧。并且要明白什么时候该说什么话，要把话说到对方心坎上，这样才能达到说话的目的。会说话是一种高深的智慧，需要我们在平日不断进行学习和积累。

## 口才关系到成败得失

在现在这个人龙混杂的社会里，你要想达到自己的目的，最好先掌握说话的技巧，然后用温和的态度与人交谈。只有善于交流才能更好地生存下去，因此口才已成为决定一个人生活及事业成败的重要因素。是否拥有好的口才已经成为衡量人才的基本标准之一，也是一个人走向成功的基础。拥有优秀的口才能力，可以帮助你轻松达到目的。

拥有好口才，有利于我们身心愉悦、工作顺利，甚至在事业上更上一层楼！正如有人所说：好的口才是人生一大资本，它可使经商者顾客盈门，财通三江；可以使我们合家欢乐，其乐融融。好口才如战鼓催征，雄兵开拔；如江水直下，一泻千里；如绵绵春雨，滋润心田。

成功学者们常说："事业的成功与失败，往往取决于某一次谈话。"这话一点也不夸张。美国人类行为科学研究者汤姆士指出："说话的能力是成名的快捷方式，它能使人显赫，令人有鹤立鸡群之感。能言善辩的人，往往被人尊敬、受人爱戴、得人拥护。它能使一个人的才学充分拓展、熠熠生辉，达到事半功倍的效果，让人业绩卓著。”

1940年是美、英、苏等国家联合抗击纳粹德国的关键时刻，由于英国处在欧洲反法西斯的最前线，人力、物力都消耗巨大，此时英国国内的黄金已经濒临枯竭，根本没有经济能力按照“现购自运”的原则从美国获取必须的军事装备。而作为美国总统的罗斯福深知唇齿相依的道理，在反法西斯战争旷日持久的情况下，自己的重要盟友英国一旦被纳粹击溃，希特勒便会获得重大优势，这势必会严重威胁到美国的切身利益。因此，美国必须全力支持英国，为他们提供必要的装备。但是，在美国国内，有一些目光短浅的国会议员，他们只盯着眼前利益，丝毫不关心反法西斯盟友和欧洲糟糕的战局，他们只想在英国人身上赚取更多的军火钱。罗斯福深知，必须先说服他们，才能使《租借法》得以顺利通过，只有这样才能全力支持英国。为此，他在12月17日特别举行了一个意义重大的记者招待会，目的是为《租借法》拉“选票”，以赢得大众的支持。

一开始，罗斯福简要介绍了《租借法》，紧接着他用浅显的比喻陈述了自己的设想：“假如我的邻居家不幸失火，而恰巧在不远处的我家有一根浇花的水管，此时要是赶紧借给邻居拿去接上水龙头，就可以帮他灭火，也可以避免火势蔓延到我家，造成我家的重大损失。但问题是，在借出水管前，要不要跟这位邻居商讨一下水管的价格呢？‘喂，朋友，这根管子是花20美元买的，你得先照价付钱才能使用。’而此时十万火急，邻居去哪里找钱？我想可以这样，只要他灭火之后原物奉还，还是不要他的20美元为好。如果灭火后水管还好好的，并没有损坏，他会连声道谢；如果他把东西弄坏了，他会照价赔偿，而我也不会吃亏。你们认为呢？”

这个比喻可谓是举一反三，浅显易懂，大家都赞成罗斯福的想法。后来经新闻媒体报道，很快传遍全球。此番妙语不仅成功说服了议员们无条件支持《租借法》能顺利通过，而且还赢得了丘吉尔和斯大林等反法西斯国家首脑的高度评价，并被后人传为佳话。

从罗斯福的故事中我们可以领悟出这样一个道理：一次有效的谈话真的可以决定一项事业或一个计划成败。如果我们出言不逊，无理与人争吵，我们将不可能获得别人的同情、理解、合作与帮助。无数成功者的事实证明，善于说话是事业成功的催化剂，它直接影响着我们的成败。

口才是一个人智慧的反映，它影响着我们人生中每一个关键时刻，它也是一种可以随身携带且永远丢弃不了的能力。

## 会说话胜过说好话

每一天，人们都不可避免地要说话或听别人说话。我们会发现，和有的人聊天时，总是觉得心情非常愉悦，原本忧郁的心情也会变得豁然开朗；而和有的人说话时，则会让人精神紧张，听到的每一句话都会让人感觉如坐针毡；同时，也有一些人，他们刚刚开口说第一句话，就会有人离席，不愿意再听下去了。

把话说好不是一件容易的事。虽然我们天天都在说话，但并不见得人人都会说话。话说得好，小则可以使人欢乐，大则可以兴国；话说得不好，小则可以招怨，大则可以丧身。所以，话既要说好，也要说巧。

清朝大太监李莲英，是慈禧太后的总管太监，被人们称为“九千岁”，是清末最有权势的宦官。李莲英便是一个深谙语言艺术的人，他才思敏捷，不管应对什么样的场合和人物，都能表现得轻松自如。甚至在很多时候，连慈禧太后都需要由他出面帮助摆脱尴尬局面。也正因为如此，他深得慈禧的赏识。

慈禧有一个爱好，那就是看京剧，所以她经常召唤一些戏班子进宫演出。可是她喜怒无常的个性经常让演戏的戏子们提心吊胆。若戏唱得让慈禧开心，固然是好事，也能得到一些赏赐。可如果哪天慈禧不高兴了，他们可就是提着脑袋唱了。

这一天，当时的京剧名角杨小楼接到了诏书，命他带领戏班进宫给慈禧演出。因为杨小楼的戏班精心准备，又恰逢慈禧心情不错，故整场戏唱得还算顺利。等结束的时候，慈禧将杨小楼叫过来，意欲赏赐一些东西给他。只见她随手一指桌上的糕点说："这些赏赐给你！"

杨小楼一看慈禧的赏赐，心里不由暗暗发愁，只因慈禧吃饭的排场太大，虽然是看戏吃的糕点，却也有好几百样，让杨小楼带回去他都没法拿。杨小楼看慈禧心情不错，便大着胆子叩头说："老佛爷享用的东西，奴才不敢领，请老佛爷另外恩赐吧！"

此言一出，四周的人都倒吸了一口冷气。只因这些侍奉慈禧的人都太知道她的脾气了，但凡赏赐的东西，无论好坏都要谢恩领赏她才高兴。而杨小楼胆敢公然拒绝，无异于抗旨，这可是杀头之罪。可是令大家感到意外的是，慈禧的心情居然没有因为杨小楼的拒领而变坏，反而问杨小楼："那你想要什么？"杨小楼想了想，便说："老佛爷能否赐一个字给奴才？"

这个要求并不过分，慈禧听了也很高兴，便让人准备笔墨，当场写了一个"福"字。可是，当她刚刚写完，一个多嘴的宫女便在旁边说："老佛爷，福字旁边是'示'字，不是'衣'字呀！”大家一看，原来慈禧居然多写了一点，将字写错了。被人当众指出错字令慈禧大为难堪，脸色顿时沉了下来。

原本喜乐的气氛因为这一个错字陷入了僵局。慈禧发现自己写错，也不想将错字给别人，但她已经答应要赐给杨小楼，不给又是失信。而杨小楼也不敢领字，将错字领回去无异于抓住了慈禧的把柄，万一慈禧被人嘲笑，自己肯定脱不了干系。而如果他又一次拒领赏赐，也一定会让慈禧没面子，势必引来她的怒火。进退两难的局面让杨小楼直冒冷汗，不知道该怎么办。

正当大家为难之际，一旁的李莲英走上前说：“老佛爷洪福齐天，她老人家的‘福’自然要比世人的多一‘点’了。要不怎么显示出她老人家的高贵呢？”

慈禧一听，脸上露出了笑容，众人这才长舒了一口气。杨小楼也立刻说：“老佛爷的福小人不敢领。”慈禧也便顺水推舟，另行赏赐，一场危机瞬间消散于无形。

不过是一句话，就令众人进退两难；同样也是一句话，却让大家皆大欢喜。李莲英的睿智令慈禧的尴尬顿解，这也正是他深得宠信的原因。利用语言化解危机的例子举不胜举。

在联合国的某一次峰会上，菲律宾前外长罗慕洛和前苏联代表团团长维辛斯基发生了激烈的争论。只因罗慕洛不赞成维辛斯基的提议，便遭到了维辛斯基无情的嘲讽，他出言不逊地说：“我们大国怎么会和你们这些小国一般见识！”

此言一出，原本嘈杂的会场顿时安静下来，大家都看着受到挑衅的罗慕洛。只见他彬彬有礼地站起来，对其他参加联合国大会的代表说：“维辛斯基先生说得没错，我只是一个小国家的小人物。但无论何时何地，将真理之石投向狂妄巨人的眉心，从而使他们的言行有些检点和收敛，正是我们这些矮子的责任。”

罗慕洛这番话立刻博得了代表们的热烈掌声，也得到了广泛的支持。而维辛斯基只好在一旁干瞪眼，脸上一阵红一阵白，什么话也说不出来。

如果你不想让自己做一个井底之蛙，就应静下心来努力学习，拓展自己的视野。若想自己的话语不空洞无物，就应下决心积累大批的、丰富的、扎实的词语，武装自己的头脑，丰富自己的说话内容，因为好口才就是一种资本。

## 说不出是因为没话题

俗话说得好，一回生，二回熟。如何衡量同陌生人第一次谈话的成败，首先要审视交谈的话题，因为话题的好坏，直接影响交谈的结果，是交谈的第一要素，不容轻视，更不能忽视。

我们在和朋友、家人聊天的时候，话题总是源源不断。但是为什么一遇到陌生人，就变得头脑空白，说不出话来呢？

在交际中，我们对每一次交谈的话题都应该精心选择，不要想到什么就说什么，不应随心所欲地张口就来，否则，在还未进入交谈内容时，就已经危机四伏了。但在选择话题时，必须要顾及谈话对象的感受。一个话题，只有让对方感兴趣，谈话才有维持和继续的可能。比如，自己是球迷，就切莫以为别人都是球迷。逢人就谈球赛，很可能会让对方感到索然无味。

现代年轻人的话题总是局限于流行服饰、时代潮流等，有的人除了流行以外，对其他的话题都不感兴趣，这种做法本身已限制了话题的范围。那么怎样才能让自己成为说话的高手，又成为受欢迎的人呢？

美国知名记者芭芭拉·华特小姐在刚刚参加工作时，曾经被授命去采访航空业巨头亚里士多德·欧纳西斯先生，这是她做记者以来接到的最大任务。当她怀着激动而忐忑的心情见到欧纳西斯时，他正在与专家们紧张地探讨业界面临的重大问题。

对于欧纳西斯所谈论的货运价格、航线以及对未来的设想等问题，由于太过专业导致芭芭拉根本插不上嘴。眼看时间一分一秒地过去，欧纳西斯已经到了该离开的时候，芭芭拉就要错过采访空手而回了，她心想：我必须找到一个可以引发他兴趣的话题，让他与我交谈。趁着欧纳西斯喝水的间隙，芭芭拉立刻提问："先生，我想请问您一个问题，您在海运和空运方面都取得了举世瞩目的成就，这非常令人钦佩和震惊。请问您最初的职业是什么？是怎样开始发展这项事业的？"

这个话题成功地吸引了欧纳西斯的注意力，他很愿意与别人分享自己的经历，而整个谈话也立刻朝着芭芭拉所希望的方向开始发展，她以一个精妙的问题作为开始，获得了一次成功的采访。

在与人交谈的时候，需要特别关注对方的特点，避开谈话双方的禁忌，以避免进入"谈话雷区"。善于说话的人总是能找到"安全值"最大的话题，引起大家的谈论兴趣，当然在"雷区"之外会导致对方不悦的敏感话题也需要时刻注意避开。与遭逢不幸的人聊天，应避免聊起不幸的往事；与失恋的人聊天，应该避免聊起爱情与婚姻等问题；而如果对方身体有残疾，则应该尽量避免过分关注身体的问题。因为这都是谈话的雷区，而与专业人士交谈的时候，在工作之外的时间要少谈工作，在工作时间则应少谈家务；与具备一定社会地位的人聊天时，应该尽量少谈宗教、政治和性等敏感话题，以免引起对方不悦，让谈话陷入僵局。

有一位编辑想邀请一名脾气古怪的作家为自己撰稿，在见面之前，他就听说这位作家让很多编辑都吃了闭门羹，因此心里非常忐忑。当他与作家会面时，发现他果然是一个很难捉摸的人，两个人连话都说不到一起，而编辑因为紧张导致说话更加语无伦次。最后自然被作家拒绝，空手而回。

无奈的编辑被深深的挫败感所困扰，回到办公室后他思前想后，思考自己做得不对的地方。通过深刻地自省之后，编辑认为自己对作家的了解不够，所以才导致了会面时遭遇尴尬。于是，他用心收集了杂志和刊物中关于这位作家的所有资讯，仔细研读了他的所有作品，在自己对作家有了进一步的了解之后，又预约了第二次见面。第二次的会面气氛开始时与前一次一样沉闷，但是编辑很快就热情地说："最近您的作品要被翻译成英文在美国出版了，恭喜您！不过您觉得自己作品的风格能否用英文表达出来呢？"这个话题立刻引起了作家的兴趣，因为这是他最近正在做的一件大事，并正为这个问题所困扰。于是他马上回答："我也很担心啊，所以一直在寻找好办法，你有什么建议吗？"

在和谐融洽的气氛中，编辑和作家进行了愉快的谈话，编辑获得了作家的认可，作家答应为他写稿；而作家也认为编辑给自己提供了一些有用的建议，与他成了朋友。

从上面这个故事中我们可以看出，在交谈中，地位处于劣势的一方有义务寻找话题，引起另一方的谈话兴趣。求人办事时，有所求的人要寻找可以让对方愉悦的话题；在谈生意的时候，乙方要选择有利于合作的话题。最常见的便是处于恋爱中的情侣，往往是男人在寻找话题来引发女性的交谈兴趣，以便让气氛变得热烈融洽。否则，如果话题引起对方不悦，就会增加处于劣势一方的谈话难度。

要寻找话题其实并不是一件很困难的事。因为在你的生活环境中，凡是能看到的东西，都可以拿来当作话题。

## 打造自己从谈吐开始

一滴蜜糖比一斤苦汁能吸引更多的蚂蚁，良好的谈吐，会令人心花怒放，满面春风。

一个人的能力要想获得别人的认可，必须通过一定的途径进行展示。一个表达能力不足的人在展示自己的过程中，必然会遭遇困难。就算是他拥有卓越的想法，没有语言的相助，这些想法也不能被别人所了解。谈话和作文一样，要有主题，有腹稿，有层次，有头尾，切不可语无伦次。良好的语言能力不仅可以充分展示自己，更能够为我们获得比别人更多的成功机会，更快地达成自己的目标。

美国前总统里根在访问加拿大的时候，曾经遭遇过一次突如其来的混乱。当时，里根正在讲台上演讲，忽然看到下面一阵骚动，有人还举出了反美的标语。这种行为很快就被维持秩序的警察制止了。但是作为主人的加拿大总理皮埃尔·特鲁多还是感到非常尴尬。

看到皮埃尔·特鲁多脸上挂着不安的笑容，里根总统在讲台上笑着说："这样的情况在美国是时常发生的，我的演讲总是可以遇到这些老朋友。我想今天的这些人或许是特意从美国赶来，为我的演讲助兴的。"

这一番幽默的自嘲让现场本来紧张的气氛顿时变得轻松起来，皮埃尔·特鲁多的尴尬也立刻被化解。在大家雷鸣般的掌声中，里根的演讲得以继续下去。

可见，拥有良好的语言能力能够帮助我们跳出困境，轻松化解难题。但是在我们的日常生活中，当人们遭遇类似的尴尬时，却不能做到这般游刃有余。更多的是期期艾艾和欲言又止。如何让自己的语言表达变得隽永动听，让每一名听众都可以愉悦地接受，并有效地帮助我们取得成功呢，这就是语言艺术的奥秘所在。

周总理是一个非常精通外交辞令的人，他总是能用轻松的语言化解尴尬，达到举重若轻的效果。至今还流传着一个他与美国前国务卿基辛格之间的对话故事。在联合国的一次会晤中，基辛格对周总理说："中国人走路总是喜欢低着头，而美国人走路却总是昂着头。"

这句话猛一听好像是一种随意的调侃，并不带有任何意味，或许它带着一丝不友善，却没有明显的恶意，因此也让听者无法找出基辛格的失误。如果针锋相对地回答，则会显得有失风度，而如果闭口不言，又会让自己白白令人嘲笑。

周总理听基辛格说完，便也笑着用调侃的语气说："因为中国人在走上坡路，自然要低着头走；而美国人在走下坡路，所以昂着头也不奇怪。”听了总理这一番巧妙的回答，连基辛格在内的各国代表都哈哈大笑起来。

这个回答之中不仅有敏捷的思维，更有恰当的分寸，虽然带着开玩笑的意思，仔细回味却也能体会到反唇相讥的意味。整个谈话的气氛并没有受到任何影响，但周总理已经很好地维护了自己的尊严。

要想在谈话中有得体的表现，就必须要对自己所说的话有提前的认知和考虑。针对自己的谈话对象以及要讲的内容，每一个谈话者都应该在说话前打好腹稿，在脑海中构想好自己要怎么讲，同时观察周围的环境，关注对自己的谈话有所影响的各种因素，这正是所谓的“凡事预则立”。

在我们的身边，随处都可以看到因为不得体的谈话而带来的不良影响，不管是个人生活还是事业都会因为未经思考的谈话而陷入窘境。就算是父子、夫妻这样亲密的关系，也会因为不恰当的话而让感情受到伤害；就算是大型企业，也会因为不得体的发言而失去支持。小说家亚诺·本奈曾经说过：“日常生活中大部分的摩擦冲突都起因于恼人的声音、语调以及不良的谈吐习惯。”一个小小的语言习惯会给我们的生活带来这么大的影响，我们又怎能不对它投以更多的重视呢！

宰相刘罗锅是一个家喻户晓的人物，他本名刘墉，生活在清朝乾隆时期，出任宰相，深得皇帝的信任，乾隆帝不管大事小情都非常乐于与他商议。闲来无事，乾隆帝还喜欢和他聊天，只因刘墉才思敏捷，对答得体，总是能说出让乾隆帝会心一笑的话。

有一回，在议完政事之后，乾隆帝又和刘墉闲聊起来。他感慨地说："我们转眼之间都要变成老人家了！"

看到乾隆帝一脸的伤感，情绪低落，刘墉便笑着说："皇上，您还很年轻呢，正是做大事的时候。"乾隆帝听他这么安慰自己，只是摇摇头说："我属马，已经五十了，怎么还年轻呢？你既然这么说，你今年多大了？"刘墉毕恭毕敬地回答说："皇上，我今年五十，是属驴的！"

听到这个奇怪的答案，乾隆帝立刻来了兴致，问他："你我都是五十，我属马，你怎么属驴呢？"

刘墉看到乾隆帝一脸疑惑，便笑着说："皇上是天子，您属了马，为臣怎么还敢属马呢？所以就只好属驴了。"

这一番对答不仅出乎意料，而且还表达出刘墉对乾隆帝的无限恭敬，不禁让乾隆帝笑逐颜开，刚才伤感的情绪也就一扫而光了。

能够获得乾隆帝的认同，刘墉凭借的不仅是自己的才智，更发挥了语言的无穷魅力。从他的身上，我们可以看到：要想在谈话中获得别人的认同，就要学会使用对方熟悉的语言，谈论对方关心的话题，还要根据谈话的环境进行灵活的变通，只有这样才能契合对方的心情，从而达成目的。

在今天的社会，虽然没有了生杀予夺的皇帝，但在工作和生活中灵活地应用语言艺术，以自己良好的谈吐来赢得别人的认可，依旧是获得成功的法门之一。

话总是说给别人听的，至于说得好不好、是否说到别人心坎上，不仅要看话语是否恰当地表达了自己的思想和情感，也要看别人能否理解并且乐于接受。

## 雄辩胜于千军万马

哪里有声音，哪里就有力量；哪里有口才，哪里就有了战斗的号角，就有了胜利的曙光。一场争论可能就是两个心灵之间沟通的捷径。

在古代，苏秦曾经凭借三寸不烂之舌游说战国诸侯，成为一代谋略大家。而在近代，孙中山先生通过激情澎湃的演讲鼓舞士气，带领中华儿女推翻了清朝统治。到了现代社会，语言更无时无刻发挥着它无穷的魅力，它不仅鼓舞士气，而且凝聚人文，甚至可以起到扭转乾坤的作用。雄辩之人在历史上层出不穷，他们不仅实现了个人价值，更推动了历史的进步。口才，不仅是一项巨大的开拓进取能力，也是一种生存之道！

在清朝乾隆帝时期，还有一位才子因其学识丰富、机智敏捷而闻名于世，他便是纪晓岚。

有一次，乾隆帝突发奇想，想要试一下纪晓岚的机智究竟达到什么地步，便故意问他："何为忠孝？"纪晓岚不知道乾隆帝为什么突然会问起这个，但他不敢怠慢，连忙一本正经地回答：

"君叫臣死，臣不得不死，是为忠；父叫子亡，子不得不亡，是为孝。两者合起来，即为忠孝。"

话音未落，乾隆帝便说："既然这样，那朕就给你一个机会尽忠，赐你一死吧！"

此言一出，四座皆惊，纪晓岚更是摸不着头脑，想不通皇上怎么会突然就对自己赐死。但"君叫臣死，臣不得不死"是他刚刚说过的话，乾隆帝的旨意又不能违抗，他只好谢恩退朝而去。

看到纪晓岚退下，乾隆帝在心里暗暗发笑，他等着看纪晓岚到底有什么办法来化解这个难题。可是一个时辰不到，只见纪晓岚气喘吁吁地跑回来，跪倒在乾隆帝的面前。乾隆帝故意装出一副很生气的样子说："朕已经将你赐死，你怎么还活着？难道你想抗旨吗？"

只见纪晓岚一边喘气，一边急切地说："回皇上，臣领旨之后便到河边去寻死，却遇到了屈原，他问我为什么投河，我将皇上的旨意告诉了他，结果他说：'我当初投河是因为楚怀王是一个昏君，而如今的皇上却非常圣明，你怎么能说死就死，让他背上一个昏君的骂名呢？你应该先回去问问皇上是不是一个昏君，如果是，你再死也不迟。'所以，臣就回来了。"

听了纪晓岚的解释，乾隆帝也陷入了两难之中：让纪晓岚去死，则说明自己昏庸得像楚怀王一样。他只好笑一笑说："既然这样，那你就先活着吧！"

在这个故事中，纪晓岚所采用的办法是“以其人之道还治其人之身”，让双方的面子都得到了维护，而自己也不用去承受乾隆帝的无理要求所带来的伤害。在乾隆帝首先发难时，他的依据正是纪晓岚自己所说的“君要臣死，臣不得不死，是为忠”，他由此对纪晓岚提出了“去死”的要求，显得顺理成章。而话是从皇上嘴里说出来的，纪晓岚又不得不服从这一要求，因此他骑虎难下。为了重新掌握主动权，纪晓岚又想出了办法，利用因君主昏庸而投河的前人屈原之口说出了自己不去死的依据，将难题重新抛给了乾隆帝——去死的前提必须是皇上是昏君，而乾隆帝断然不会在众人面前承认自己是昏君，因此他的旨意也就不用去执行了。

纪晓岚用机敏和雄辩能力救了自己一命。假如换另一个人去将会怎样呢？或许他已经跳河自杀了！因此，口才的价值，口才的重要性，我们不可低估。

明哲保身，不是人人都能做到的。只有那些口才良好、善于雄辩的人才能做到临危不惧，从而进行更好的反击。

## 口才关系到“全才”

会说话是一种综合能力，这种能力包括表达、聆听、应变等多项。

良言一句三冬暖，正说明说话得体、恰当所产生的巨大效果。在每个人前进的道路上，都不可避免要与别人交际，而交际的重要手段就是语言。如果自己的话能给别人带来“三冬暖阳”一样的感受，又何愁不能获得成功呢？有语言学专家认为，口才有初级口才和高级口才之分。只要没有生理疾患、能张嘴说话的人，就可以拥有初级口才。而高级口才则是指不仅要会说话，还要说好话。

善表达，会聆听，能判断，巧应对，是衡量口才好与坏的重要标准。但是，在现实生活中，并不是每个人都能将话说好，或将本来就储存在自己脑海中的东西淋漓尽致地表达出来。

美国有一位叫寇蒂斯的保健医生，同时他也是一位热心的棒球迷，经常去看球员们练球。时间长了，他就和球员们成为了好朋友，并被邀请参加一次为球队举行的宴会。在侍者送上咖啡与糖果之后，有几位著名的宾客被请上台“说几句话”。没有想到的是，在事先没有通知的情况下，他听到主持人宣布：“今晚有一位医学专家在座，我们有请寇蒂斯大夫上台跟我们的队员们谈谈日常保健及健康问题。”

那么，寇蒂斯能否回答这个问题呢？当然能，而且他对这个问题认识非常充分，因为他是研究卫生保健的，并且已有三十余年的行医经验。他可以坐在椅子里向坐在两旁的人就这个问题侃侃而谈一整个晚上，但是，现在，要他站起来当众讲这些问题，却得另当别论了。

此时此刻他不知所措，心跳速度似乎加快了许多倍，脑中一片空白，因为他一生中从未做过演讲，该怎么办呢？宴会上的人全在鼓掌，大家都望着他。最终他还是摇了摇头，表示谢绝。但他这样做反而引来了更热烈的掌声，众人纷纷要求他上台演讲。“寇蒂斯大夫！请上台演讲！”呼声愈来愈高。他知道，此时如果自己站起来走上讲台，他将无法讲出一句完整的话，演讲一定会失败。因此，他站起身来，一句话也没说，转身背对着他的球员朋友，默默地走了出去，深感难堪。

寇蒂斯的经历是失败的，败在他不善言谈。由此可见，只有具备了高超的说话水平，才能掌握获得社会认同的最快捷、最有效的手段。但是，大多数人可能都会像案例中的寇蒂斯医生那样，在演讲时紧张、害怕。因为有这样一个调查结果：“当人们站起来讲话时，会觉得很不自在、很害怕，不能清晰地思考，不能集中精力，不知道自己要说的是什么。”相信每一个人都想获得自信，能够泰然自若地站在众人面前，并能随心所欲地思考，逻辑清晰地归纳自己的思想，在公共场所或社交人士面前侃侃而谈，语言富有哲理，又让人信服。

其实，口才并非天生，它是可以通过勤学苦练而后天取得的。人在婴幼儿时期，并不会说话，但可以通过培养而逐渐获得这种能力；成年之后，也可以通过培养、训练，让自己获得卓越的口才。古今中外历史上不乏一些通过刻苦训练而获得这一卓越才能的人。

美国前总统林肯的演讲总是能让人群情激奋，但谁能想到他在年轻的时候，并不是一个能言善辩的人呢？林肯在认识到自己语言能力不足的情况下，并没有气馁，为了提高演讲水平，他努力学习、训练自己。不管是法庭上辩护的律师，还是传教的教士，都成为林肯学习语言能力的榜样。他一边学习他们的表达方式，一边模仿着他们的手势，不管是走路还是睡觉，都在训练自己讲话，甚至会对着树桩与玉米田发表演讲。而最终，他不仅成为了美国总统，更成为了美国历史上优秀的辩论家。

我国著名的数学家华罗庚，相信大家并不陌生，都知道他有超群的数学才华，但很多人却不知道他也是一位不可多得的“辩才”。他从小就注意培养自己的口才，学习普通话，还背了四五百首唐诗，以此来锻炼自己，因此，他在国内外一些公众场合的发言总能赢得掌声。

为了达到谈话的预期效果，谈话时我们可以从以下几个方面做起：善于聆听，捕捉反应，敏捷回应，力争主动权；陈述自己的话时要有实在的内容、清晰的观点、严密的逻辑、中肯的分析；谈话中要有很强的概括能力，简明扼要地把自己的思想完整地表达出来。唯有掌握了这些要点，我们的口才与交际能力才能得以提高。

“口才”即表达主体在人际交往的过程中，运用准确、得体、生动、巧妙、有效的口语表达策略，达到特定的交际目的，取得理想效果的一种语言表达艺术和技巧。同时，口才更是一种综合能力。

## 如何让自己的口才无懈可击

将自己的热忱与经验融入谈话中，是打动人的最简方法，也是必然条件。如果你对自己的话都不感兴趣，怎能期望他人感动呢。

朴实无华的语言是真挚心灵的表达，是美好情感的展现。因而，语言的朴素美来自相互的处世态度，话如其人，言为心声，平时为人处世质朴真诚，说话也就自然不会扭捏做作。

说话是人的一种基本能力，这是因为，在人的大脑里早就贮存了“语言学习的机制”，但这并不代表人人都是天生的演讲家。虽然同样具备了良好的口才基础，但有些人能言善辩，而有些人依旧木讷。

人们讲话的目的是沟通、表达，而要想取得良好的沟通的效果，就必须有恰当的表达方式。一个人要想获得好的口才并非一朝一夕就可以做到，它需要进行长期的摸索和实践，在生活中体会别人的反应，寻找正确的表达技巧，让别人能够更容易地理解自己。如果一个人的表达不能让周围的人明白，那便是失败、错误的表达，将会产生更深的隔阂，影响我们的生活。所以，具备良好的表达技巧是每个人都必须学习的。

在抗战胜利的前夕，画家张大千要返回四川，他的学生们在一家酒店举办宴会为他饯行，梅兰芳等众多社会名流也到场作陪。席间，张大千端着酒杯对梅兰芳说："梅先生，你是君子，我是小人。"大家听到这话都不知道张大千想说什么，连梅兰芳也有些摸不着头脑，只好疑惑地问："为什么这么说？"张大千说："因为君子动口，小人动手！我端酒是动手，您喝酒是动口啊！"一句话引来满堂喝彩，宴会的气氛也被张大千幽默的语言推向了高潮。

"君子动口不动手"本是一句俗语，在生活中被广泛应用，但张大千却让它有了新意，从而起到了烘托宴会气氛的良好效果。这种方式最重要的便是出其不意，只有这样才能让听者恍然大悟，进而会心一笑。很多在口才上取得成就的人，他们大多认为自己从小并不善于言辞。那么他们为什么能取得成功呢？很简单，正因为他们自认为口才不佳，才会加倍努力去提升自己的表达能力。

据说，有"历史性的雄辩家"之称的狄里斯，原本表达能力很差，他天生声音低沉，且呼吸短促，跟人说话时，时常口齿不清，旁人经常听不清他在说些什么。当时，狄里斯的祖国政治纠纷严重，因此，能言善辩的人备受重视，格外引人注目。尽管年轻时的狄里斯知识渊博、思想深邃，而且十分擅长分析事理，并能预见时代潮流和历史发展趋势。但是，让他头疼的是，自己缺乏说话的能力和表达技巧。他认为这是自己致命的弱点，甚至可能会因此而被时代所淘汰。于是，他在进行了一番周密细致的思考之后，准备好了精彩的演讲稿，第一次走上了演讲台。不幸的是，他遭遇了惨重的失败，原因就在于他声音低沉、肺活量不足、口齿不清，以至于听众无法听清楚他所言何事。深受打击的狄里斯并没有灰心，反而比过去更努力地训练自己的说话能力。他每天跑到海边，对着浪花拍击的岩石放声呐喊；回到家中，又对着镜子观察自己说话的口型，练习发声，坚持不懈。狄里斯如此努力了好几年。功夫不负有心人，狄里斯再度上台演说时，博得了众人的喝彩与热烈的掌声，并一举成名。

并不是一定要将黑的说成白的，才算是好口才，只要能为我们的生活增添乐趣，让讲话的人更受关注和欢迎，都可以称之为口才好。除此之外，好的口才还要注意讲话的场合，不同的场合说出不同的话，让表达符合情境要求，同样也是好口才的标准。在朋友聚会中，可以通过幽默、逗趣的话来让大家开心，让气氛更融洽；而在会议、谈判等场合中则要谨慎讲话，用严谨的语言表达自己的态度和认识，这才有助于达到讲话的目的，才能真正发挥口才的效力。

要想练就一副过硬的口才，就必须一丝不苟，刻苦训练，正如华罗庚先生在总结练“口才”的体会时所说：“勤能补拙是良训，一分辛苦一分才。”

## 让语言成为创造价值的推动力

一条船可以由它发出的声音知道它是否破裂，一个人也可以由他的言论知道他是聪明还是愚昧，语言会给你创造价值。

两件相同的商品，不一样的包装会让它们得到不同的定价；而两个一模一样的人，不一样的穿着也会让他们得到不同的评价。可见包装在人们的生活中有多大的作用。语言也离不开包装，同样的话经过不同的表达方式去包装，也会产生不一样的结果。

唐伯虎是众所皆知的机智才子，此外，他还思维敏捷，是个沟通高手，在很小的时候就已经有很强的辩论能力了。

有一次，他和几个孩子在路边玩球，县太爷正好坐着轿子经过，球不偏不倚被踢进了轿子里，重重地砸在县太爷的乌纱帽上。正在轿子里沉思的县太爷被吓了一跳，气愤地大喊："是谁在撒野？"

孩子们看到县太爷发怒，都吓得各自跑回家去了，只有唐伯虎大踏步地向前走去。只见他彬彬有礼地说："大人，请您息怒，我们之所以敢在这里玩耍，是因为现在生活安定，而这都是托了您的洪福，我们才能过上这样的日子啊！”

这话让县太爷心里顿时一喜，被球打中帽子的怒气也消了一半。看这个孩子这么会讲话，他便有意逗一逗唐伯虎，笑着说：“你既然这么能说会道，那我出个对联，你能对得上，球就还给你。”

唐伯虎从小便以对对联而闻名乡里，现在又听说可以拿回自己的球，自然毫不犹豫就答应了县太爷的要求。县太爷看了看周围逃跑的孩子们，又看了看唐伯虎，笑着说：“上联是：童子六七人，唯汝狡！”唐伯虎听了，眼珠子一转便有了下联，他说：“太守二千石，独公……”

看着欲言又止的唐伯虎，县太爷忙问：“独公什么？”

唐伯虎故意顿了顿，说：“如果能拿回球，自然就是‘独公廉’；如果拿不回球，那就是……”

县太爷一听，哈哈大笑着说：“如果我不将球还给你，你是不是就要说‘独公贪’了？看来为了我的清誉，我也得把球还给你啊！”

就这样，唐伯虎凭借自己的机智勇敢和能言善辩征服了县官。

生活中难免会遇到让人不好说的话题，在不好直接表达时，可以通过幽默的笑话、机智的玩笑等表达方式。在表达出自己意愿的同时，也不会引起对方的反感，更不会让听者感到不快。委婉的表达需要掌握好“恰到好处”的度，既让大家都不会产生什么负担，而又能心领神会。

某公司新来了几位女职员，她们有时在工作时的言谈很不文雅，多次被公司经理听到，甚至跟他这个上司说起话来也很随便。

有一天，这位经理把一名已经任职两三年的女职员叫到办公室，对她说："新来的这几个年轻人说话有点随便，请你代我转告一下好吗？"

过了两天，那几个女职员的谈吐有了很大的改变，特别是那个负责转告的女职员，对自己的言行更为小心翼翼了，恐怕是经理的转告让她觉得自己也应该注意。

这个情形说明，在说一些令人不好接受的话时，巧妙地利用"第三者"的传递会产生更好的效果，这也是语言表达的技巧之一。通过中间人来传话可以减少当面批评所带来的尴尬，让被批评者更易于接受，也更利于改正。而在采用这一方式的时候，则更要注意掌握尺度，避免因中间人的传递失误而带来不好的效果，那样反而会起到反作用。

人们都明白"好话难听，良药苦口"的道理，但在生活中，大家还是不愿意听到批评自己的声音。如果可以给批评的话增加一些包装，就好像给药裹上一层糖衣，这样会更利于大家接受，从而让"好话"和"良药"真正发挥作用。

舌头是一把双刃剑，运用恰当，它可以让我们成功；反之，也可能会让我们失败。所以，好好包装一下自己的语言，把话说好，这也是一种无形的资本。

# 第二章
# 表达，当今最重要的社交能力

别 输 在 不 会 表 达 上

人在社会中，是否拥有一张巧嘴十分重要。在关键时刻，话说得是否到位，能不能说到点子上，都会产生无法预估的影响。不论在工作上，还是在生活中，我们都能看到铁齿铜牙之人，凭借一张嘴，使许多事情有了转机。在别人训练嘴皮子上的功夫时，我们也不禁跃跃欲试。其实，想练就一张厉害的嘴巴，不是不可能的事情。

## 说话容易，把话说好难

对一般人而言，说话并非难事。说话不难，但是，难的是如何说好话。好口才并不是与生俱来的，也非一日之功，而是经过后天的培养和积累养成的。即使先天存在不足，后天也是可以补救的。

要在实践中磨炼口才，说好话，就要有坚强的意志力，学习说话的技巧，不仅能说话，还要会说话，说好话，而这需要日积月累，天长日久的训练。

一个说话有点大舌头的男孩，为了不让别人嘲笑自己，他日以继夜地勤奋练习，甚至在嘴里含着小石子练习发音，忘我地朗诵诗句。功夫不负有心人，他终于成为了一名卓越的演说家。

有的人其实很想练习口才，可是苦于没有机会。其实，到处都有练习口才的机会。我们每天都要和人打交道，免不了要说话。有些人认为平时说话根本不需要什么口才，能够沟通交流就行，却不知道这正是锻炼口才的大好时机。

面对陌生的人和事物，我们多多少少会有些顾虑，不知道该不该开口。在犹豫之间，意思更不能顺利地表达出来。因此，在这种情况下，最好的方法就是让自己习惯先说话，试着先打破僵局。如果我们真的无法自在地与陌生人交谈，则可以尝试鼓起勇气试着向不太熟识的邻居说声“你好”；或是在找不到路的时候向陌生人问寻，一声招呼、简单的问询，会使你发觉同陌生人交谈其实并不难。

不管在什么场合，你都要积极和别人交谈，尝试着与他人闲聊、寒暄，这种机会来之不易，要敢开口说话，这样才有机会学习说话的技巧，建立自信，找到方法。

如果有机会主持会议或在会议上发言，也要牢牢把握，因为这些都是练习口才的绝好机会。

有的人才思敏捷，聪明过人，可是一开口，就全是不中听的话。只要你能用心抓住说话的机会，你就可以融入到商业、社交、政治，甚至邻里间的活动中等。只要肯积极主动地开口说话，抓住一切机会不停地练习，口才就会有所进步，语言表达能力和思维逻辑能力都会逐渐提高。

现代社会，互联网日益走入人们的生活。QQ、微信等成为人们沟通的新宠。可是，这些并不能完全替代说话。说话这种大众的交流方式，依然是我们避免不了的。即使没有出众的口才，也不必担心，因为只要肯下功夫，不断练习，说话到位、说到点子上、说漂亮话的本领便可早日练成。

## 与对方同步，交谈者之间要有共鸣

在合唱时，如果都是高音，听起来会比较和谐；如果一个高音，一个低音，则会让人感觉奇怪，与别人谈话也是这样。只有找到了对方喜好的话题，融入其中，才会令对方对你以及你的说话内容产生兴趣，一旦双方产生共鸣，沟通和交流自然会变得流畅起来。

要想言谈和对方在同一个声调上，首要一点就是要和对方保持“同步”，找到和对方的共同点或者相通处。让对方意识到你的话语和他存在着某种利害关系，或是让对方也能畅所欲言。这样的谈话才能使对方乐意听，愿意交流，从而引起“共鸣”。否则，你的言语就无法起到预想的作用。

在很多同行都在为拿下这个大单而发愁不已的时候，老王却用自己的三寸不烂之舌轻轻松松解决了问题。

老王像其他拜访者一样来到了某公司销售经理的办公室，他早就听同行说了这个销售经理是如何廉政、古板、不好搞定。许多来找他的人都不知道如何开口，碰了一鼻子灰。于是，老王赤手上阵，打算换个策略。

刚走进经理办公室，眼尖的老王便发现，在办公室最显眼的位置上挂着一张巨大的照片。照片上是销售经理和著名导演××的合影，经理一脸笑容。显然，这张照片对销售经理意义非凡。于是，老王便试探性地对销售经理说："经理，我是学编剧出身的，一直都很崇拜××导演。没想到您跟他有这么好的交情。"一听这话，销售经理仿佛找到了知音，脸上立刻绽开了笑容，也打开了话匣子："我特别喜欢他拍的电影，××还没有出名的时候，我们就已经是朋友了……"

接着，二人就影视作品愉快地聊了起来。几个小时之后，老王离开公司时，单子已经轻松在手了。之后，两人便成了好朋友，经常在一起饮茶聊天，看话剧，业务方面更是不在话下。

说出别人关心在意的事情，话家常拉客套，从而博取对方的好感，让对方认为你是其"同盟"，进而达到自己的目的，这并非不可能。

## 会说的不如会听的

倾听也是一门学问。有些人的“不会说”，也同“不会听”有关系。

在美国，会听被认为是一种能力，是一种古已有之的生存能力。做一个耐心的听众并不是一件简单的事。不论在何种情况下，耐心倾听从而掌握谈话主动权的例子都不在少数。

玫琳凯·艾施是著名化妆品牌玫琳凯的创始人，她就是一个很注重倾听员工意见的人，并总能从中获益。她说：“从员工的意见中，我们研制出了顾客真正需要的产品。因此，我们的产品才能有别于其他没有此种回馈的化妆品。我正是由于经常听取她们告诉我的意见，才有了今天的玫琳凯。”

无独有偶。

美国西南航空公司聘用员工的方法非常特别，一般的公司都是单独进行面试，而西南航空公司则是一批一批地选拔。当一个人坐在前面接受面试官提问的时候，其他的应试人员都坐在后面等候。其实，真正的被试者是在后面等候的那些人。

面试官在“面试”前边的人的同时，会仔细观察后边的那些等候者们的反应，看他们是否在认真倾听，还是四处张望、若有所思……

这是因为西南航空是一个服务性机构，“日常对话，深度倾听”是公司要求每一个员工的必备素质。只有能够认真倾听的人才可以参加复试。

积极地倾听并不是在做无用功。要想让自己在交谈中掌握更多的主动权，获得更多的机会，就要会听。交谈中需要互动，需要相互交换意见，从而使交流顺利进行下去。可是如果你置别人的意见于不顾，那么你的损失将无法估计。

倾听不只是保持沉默，听听罢了。当你在认真聆听时，并不是单纯地接收信息，而是会立即调动自己已有的知识和经验，做出积极的态度反应：理解、疑惑、赞同、反对、喜悦、忧虑等。这些反馈，又使你不断地调整自己的理解，与说话人处于同步思维之中。这不仅使你融入到谈话之中，并且可以直接受益。而且，在坦诚交谈并认真倾听后，再陈述自己的意见，也会避免造成各说各话的情形，防止出现话不投机半句多的情形，对人际关系形成不利影响。

倾听最重要的目的是收集正确的信息，因为信息正确与否，关系到你做出的反应、询问的问题和肢体语言等，更关系到你倾听的效果和质量。

但是，我们常因热衷于谈话而忽略了收集正确信息。因此，先会听，自然更会说。要集中精力听别人所说的内容，不要有错误的分析。倾听能够了解他人，而倾诉则可以被人了解，当双方有了共同点，沟通便悄悄展开了。

## 手势很重要

手势，顾名思义就是在交往中表达自己想法时用手所做的各种的姿势，这也被称为“体态语言”。不要小看了手势，因为在现实社会中，不同的手势被赋予了不同而又特定的含义。所以才说手势是具有丰富表现力的一种“语言”，也因此成为我们沟通、交流中，除了语言以外最有力的手段，在肢体语言中占有最重要的地位。

手势的应用场合有很多，日常生活中的挥手、鼓掌等都属于手势的范围，我们在运用时应根据不同地域场合和目的恰当运用，不然就有可能会引起误会，甚至影响个人的形象，导致工作、交友的失败。

一位美国企业家到法国去做酒的生意，在法国人热情而又浪漫的欢迎会上，他兴高采烈地品尝了法国香槟，这种名酒的醇美香甜也使他称赞连连，两名企业家交谈甚欢。但就在这个时候，他做了一个“OK”的手势，本来是想夸这个酒好喝，但没想到主人立刻显得不高兴起来。原来，在美国本土这个手势是“好”的意思，而在法国的部分地区，这个手势则表示商品劣质、不满意的意思。幸好，机灵的助手及时提醒了他，经过解释和表示歉意后双方才消除了误会。

在这里需要强调一下，“OK”的手势不仅在法国的部分地区代表的意思不好，在墨西哥也是特殊手势，就像美国人伸出中指一样。所以，如果身在异乡，不了解当地手势的含义，可不要胡乱模仿，或者按照自己的习惯做手势，这样很容易引起误会。

无独有偶，一位巴西商人到俄罗斯去做生意，在经历了千辛万苦的谈判后，双方终于达成了共识。然而就在即将签合同的时候，这位巴西商人做了一个交好运的手势——他把右手攥成拳头，并将大拇指放在食指和中指中间。俄罗斯人的脸色立马就从晴转阴。在一旁的翻译赶快告诉那位巴西商人，这个手势虽然在巴西表示交好运，但在俄罗斯却是侮辱人的动作。巴西人听后连忙道歉，才不至于使这一笔本应愉快双赢的生意因一个不起眼的手势而告吹。

由此可见，不同的手势代表不同的意义，同一手势在不同地区意思也很有可能大大相反，所以我们在运用时一定要加倍小心。但如果我们能合适地运用手势来表达情意，就能起到很好的沟通作用，事半功倍。

此外，我们也可以创造自己的招牌手势，使自己更有个性，让别人对你的印象更加深刻。但是需要注意的是，不要轻易模仿别人的手势语言，这样做很容易适得其反，起到东施效颦的效果。在使用手势语言的时候，也应该大方得体，不要扭扭捏捏，或者过于夸张。这样容易给人留下不好的印象。

总之，手势在沟通中的作用丝毫不亚于语言，只要我们运用得得当，就能为我们增色不少，让我们的言谈更吸引人，使沟通更完美。

## 肢体语言帮你愉快交谈

“在一条信息的所有影响中，大约有一半以上来自人们的肢体语言。”这是研究肢体语言的代表人物阿尔伯特·麦拉宾曾说过的话。

喜剧大师卓别林塑造的形象十分滑稽，深入人心，他深受人们的敬仰。可是，他出演的影片大都是无声电影。在这样的情况下，他依旧能够令人捧腹大笑，传递快乐，原因就在于他充分运用了肢体语言。

艾伯特教授也认为，肢体语言常常使得人们在第一时间里感觉到一个人是否友好、可靠或者诚实。当我们主动运用肢体语言时，与其他人的沟通会更加容易，迅速拉近彼此的距离。能否给别人留下良好的第一印象，肢体语言的恰当运用很重要。通常，在社交时，自然地放开双手、昂首挺胸、目光坚定、颌部放松，都是可以运用的肢体语言。它们的好处是可以将你的状态和心理反应直观地传达给对方，用肢体语言来迅速地拉近彼此的距离。

微笑是最简单也是最重要的肢体语言，一个发自内心的微笑会使人感到放松，能够改善你在别人心中的印象。

当初次见到陌生人或是遇到许久没有见面的熟人时，可以握手，这种肢体上的接触会显得诚挚而友好，迅速拉近双方的距离。

还有很多在交流的过程中可以使用的肢体语言，如目光、坐立等。其实，双方若想有一个愉悦而顺畅的交流过程，就要彼此接纳。你的肢体语言能够从侧面告诉对方，你到底在乎他多少。

所以，在交谈时，如果你想表示你很重视对方所讲的内容，那么，在全神贯注之外，还要注意你的姿势。倾听时最佳的姿势是面向说话者摆正身体，可微微前倾，这样的姿势“告诉”对方，你重视他的信息，并且支持他的表达。

我们也可以运用肢体语言来做出决断，进行提问，甚至可以用肢体语言制止正在进行的交流。在一定程度上，若你的肢体语言运用得好，你交流的能力就越强。

## 称呼不容小觑

在生活中，有许多常见的称呼，每天都要用到，我们很容易就忽略了它们的差别。也许有人说：“像‘爸’‘妈’等称呼这么常见，会有什么学问呢？”其实称呼语中蕴藏着很深的学问，每个称呼语都有特定的语境和范围。

对双方来讲，称呼语的理智运用很重要。比如爱人之间，从相恋到结婚，越来越不注重对彼此的称呼，最后只随便用一个“哎”或“喂”来称呼爱人，不仅没有浪漫，也显得很生分。在外人面前，这样“呼来喝去”，也非常不礼貌。学生本应该称呼教师为“老师”，若是直呼其名，就会让别人觉得你不懂得尊师重道；经理本来称呼秘书李霞为“小李”，若称呼为“霞”，就可能会有流言产生了。一群老朋友聚会，直接叫名字或是叫昵称、绰号都是合乎情理的。但如果是一般关系却称呼得分外亲密，就可能会产生尴尬。所以，在选择称呼语的时候，一定不要随随便便，要慎重一些。特别是在一些初次交往者之间和等级观念比较严苛的企业中，称呼合适与否可能直接决定着彼此的交涉能否顺利进行。正确、得体的称呼是掌握说话艺术的第一要点，在日常工作生活中，常常会因为称呼上的不得体而造成尴尬的局面，而人们往往却在事后才认识到。

秘书小蔡新到公司不久，她的直接领导是单位的副总郑建。小蔡每天都要去向郑建汇报请示，小蔡很自然地称呼他为“郑总”，郑总自然乐不可支。但是，很快，小蔡就因为称呼吃了亏。

一天，正牌领导王总到公司视察工作，在向两位老总汇报工作的过程中，小蔡依旧称呼郑建为“郑总”。王总的脸色立刻变得很难看，他讽刺郑建说：“郑总，这个称谓挺好的嘛！”

听出了王总的言外之意，郑建也是一脸通红，小蔡这才意识到自己说错话了。一个称呼，却让自己在两位老总心里的印象大打折扣。所以，称呼的得体、正确，在一些场合是至关重要的。

你可以选用比听话人真实身份高的称呼语，让听话人觉得更有身份，更受尊敬，更喜欢自己的称呼。可是一定要分清场合，以免搬起石头砸自己的脚。即使是再尊重，也要有个限度，不能张冠李戴。我们事先要有充分的准备，比如在开始互相介绍之前，先对会见对象的姓名、单位、职务进行初次摸底，最好做到心中有数。事先了解是必要的，若没有则可根据对方的自我介绍来称呼对方，也不至于会犯下太大的错误。

在不同的环境下，由于地域不同、文化差异及习俗，称呼也会有所不同。比如，在我国北方，习惯上称呼陌生的男子为“大哥”，陌生女子为“大姐”，这听起来很亲切，而到了南方，则称呼他们为“先生”“女士”。

要使自己的语言得当，给别人留下亲切友好的印象，就要先掌握好称呼的方式方法，避免造成不必要的误会和麻烦。

# 第三章

# 语言是一门艺术，表达是一种技术

别　输　在　不　会　表　达　上

上帝在造人时，给我们两只耳朵、一张嘴巴，这样安排不是没有道理的。许多人都喜欢多说、少听或是根本不听，结果变成了说得越多，却不见效果，说了还不如不说。仔细地多听一听，让收到的信息在大脑中过一遍，当你再通过嘴巴传递出信息时，你会发现更有意义，也更有价值。所以在动嘴巴之前，一定要先过过耳朵。

## 没有诚意的道歉不能接受

道歉并非只有“对不起”简单的三个字。有的人颇不以为意：“我已经说了‘对不起’了，还想让我怎么样呢？”其实，问题是出在道歉的态度上。缺乏诚心实意的道歉，会让人很难接受。

一位中国访问学者在美国曾遇到这么一件事：

有一天，她正在埋头赶路，因为一边走一边考虑问题，不知不觉走了神，没留意到马路上走来的一位男士，结果一时收不住脚，一脚踩在男士的鞋上。当然，她马上说了声：“I'm sorry!”但令她十分奇怪的是在她道歉的同时，那位男士也说了一声：“l'm sorry!”这位女学者很好奇地问：“是我踩了你，你为什么要向我道歉呢？”

那位男士满脸真诚地说：“夫人，我想，是因为我挡了您的路，您才踩到我的脚的，所以是我妨碍了您，我应该向您道歉！”

从这番话里我们就可以看出，这位勇于道歉的男士非常绅士，而且他是一个善于体谅别人，善于设身处地为他人着想的真诚的人。

而对待言语上的失误，道歉时的态度是否诚恳很重要。即使说话不得当，若是内心真诚地道歉，就能得到别人的谅解。

道歉并不是一种耻辱，有人觉得道歉很伤自尊，其实换种想法，道歉是为人真挚和诚恳的表现。即使是地位很高的伟人，也会为做错事而道歉。英国首相丘吉尔曾对杜鲁门的印象很糟糕，但后来他告诉杜鲁门说以前自己低估了他。既有赞誉，又有道歉。而有的人虽然嘴上道歉了，但实际上很不情愿，总想为自己的过失寻找各种借口，仅仅是为了保住自己的面子。这样做，只能让人觉得你没有诚意，道歉只是个形式，自然不会获得他人真正的谅解。

与人交往难免会说错话、做错事，得罪人也是在所难免的。我们还有可能因为自己的过失给别人造成沉重的精神痛苦和巨大的经济损失。一句“对不起”或许并不会起到实质的作用，但是却能先稳住人心，然后再慢慢解决问题。因此，我们需要及时认识到自己的错误，并放下身段，诚恳道歉，总能得到别人的原谅的。

## “你错了”不好说

在工作中，我们遇到同事的错误，好心提醒后，可是对方并不领情，反而觉得是我们多事，自讨没趣；在生活中，我们遇到长辈、同龄人或是晚辈的错误，若是出言提醒，未必能得好，别人未必会觉得问题有多严重。一句“你错了”换来的并不一定是感激，却很可能是“你才错了呢！吃饱了撑的”。

常言道：“人非圣贤，孰能无过？”犯错是在所难免的，而人们在犯错误之初，通常都很难及时醒悟，甚至不愿承认自己有错。所以，对他人的错误及时给予纠正确实很有必要，可是，纠正他人的错误又确实是一件费力不讨好的事。

小王到公司上班不久，就赶上部门聚会，老板请大家去唱卡拉OK，同事都欣然前往。进了包房之后，小王马上就找了离自己最近的一个沙发坐下，其他的同事也都坐在了沙发上。最后进来的老板发现沙发已经被坐满了，就顺势坐在小王身边的一个椅子上。

过了不一会儿，老板就说有事，结了账先离开了。老板一走，本来都很高兴的众人瞬间大变，室内的温度仿佛突然下降了十几度。小王怎么都没想到，这居然是因为自己。一个男同事气急败坏地指责小王说："你这人也太不懂事了，一点儿都没眼色？老板就坐在你旁边，怎么不知道给老板让个座呢？"

小王又羞又气，觉得很委屈，自己长这么大，还从来没被人这样当众说过。自己毕竟是新人，只能把不满放在心里。她不明白，自己刚入社会，不懂人情世故也是很正常的呀，可是为什么开始就没有人提醒，现在弄马后炮管什么用？这位男同事的初衷并不是想教训小王，他可能只是想教小王在职场上如何做人做事，但是粗暴的说话方式十分不当，不仅让小王尴尬，下不来台，也破坏了当时的气氛。他一心想着小王没给老板让座不对，却不曾想，如果早先他能主动给老板让个座，既避免了小王的疏忽，又适时表现了自己，岂不两全其美。

没有人喜欢被别人批评，更不喜欢接受直接的批评，因为这些都代表自己犯了错误。有的人更是寻找种种借口和理由，让自己的错误变得理所应当，不惜错上加错。其实，因为人们都不能接受"你错了！"三个字。纠正错误的方法有很多种，只要肯讲究一些策略，纠正别人的错误是不难做到的。

## 拒绝时要给自己留脸面

在生活中我们经常会遇到别人提出的不合理要求，面对这种情况时我们要学会“拒绝”，并且要合理地拒绝，既不会伤和气，也不会破坏你留给别人的好印象。

拒绝是一门学问，因为在拒绝别人的时候，还要体现出个人品德和修养，让别人在你的拒绝中，同样能感觉到你是真诚的、善意的、可信的。在拒绝的过程中，要想不伤和气，依然与对方保持良好的人际关系，那么就要设身处地的站在他人的角度进行换位思考，在不能提供帮助的情况下用同情的语调来婉言回绝。

在婉言拒绝的时候，一定要先让对方觉察到你的态度，不要绕了半天连自己都不清楚要表达的是什么意思。在单独的场合说“不”，对方往往更加容易接受。同时拒绝对方时，要给对方留个退路。所以，首先你要把对方的话从始至终地认真听一遍，而后再决定如何去拒绝对方——最好能使用“引用对方的话来‘不肯定’他的要求”，从而给对方留下比较充足的面子；如果对方是聪明人，那么你的“不肯定”，他自然心领神会。

20世纪三四十年代富兰克林·罗斯福在就任美国总统之前，曾经在海军担任部长助理这一要职。有一次，他的好友向他打听美国海军在加勒比海某岛建潜艇基地的计划。

当时来讲，这是不能公开的军事秘密。面对好友的提问，罗斯福如何拒绝才比较好呢？罗斯福想了想，故意靠近好友，神秘地朝周围看了看，压低嗓音问道："你能对不宜外传的事情保密吗？"

好友以为罗斯福准备"泄密"了，马上点头保证说："当然能。"

罗斯福坐正了身子笑道："我也一样！"

好友这才发现自己上了罗斯福的"当"，但他随即也明白了罗斯福的用意，开怀大笑起来，不再打听了。

罗斯福之所以能忠于自己的职责，严守国家机密——因为他知道，人都有一个共性，喜欢打听隐秘的事情；打听到了之后，又不能守口如瓶，总是想方设法地告诉别人，以展示自己的能耐。罗斯福深谙其中之奥妙，所以，他对任何人都保密。罗斯福使用的是委婉含蓄的拒绝方法，其语言也具有轻松幽默的情趣，表现了罗斯福的高超语言艺术：在朋友面前既坚持了不能泄密的原则立场，又没有令朋友陷入难堪，取得了非常好的交际效果。

下面是一个现实中的例子。

两个打工的老乡，找到在某市工作的李某，倾诉了一番打工的艰辛，一再说住不起客店，想租房又没有找到合适的，言外之意就是要借宿。

李某听后马上暗示说："是啊，城里比不了咱们乡下，住房太紧了。就拿我来说吧，这么两间耳朵眼大的房子，住着三代人。我那上高中的儿子，没办法晚上只能睡沙发上。你们大老远地来看我，应该让你们留在家里好好地住上几天，可惜做不到啊！"

两位老乡听后，应和几句，知趣地离开了。

两个老乡没有直接向李某提出借宿请求，而只是一味地埋怨在城里找房子住如何困难；李某也假装没听出弦外之音，立刻附和他们的观点，并说自己家住房如何紧张，为不能留他们住宿而表示遗憾。老乡听了这番话，既明白了李某的难处，也知道他在拒绝自己，只好离开了。

习惯于中庸之道的中国人，在拒绝别人时比较容易产生一些心理障碍，这是受传统观念的影响，同时，也与当今社会某些人从众的心理有关。其实，做到"拒要求，留脸面"并不太难，可以尝试下面这些说法(做法)：

"哦，是这样，可是我还没有想好，考虑一下再说吧。"

"哦，我明白了，可是你最好找对这件事更感兴趣的人吧，好吗？"

"啊！对不起，今天我还有事，只好当逃兵了。"

"哦，我再和朋友商量一下——你也再想想，过几天再决定好吗？"

“今天咱们先不谈这个，还是说说你关心的另一件事吧……”

“真对不起，这件事我实在是爱莫能助了——不过，我可以帮你做另一件事！”

“你问问他，他可以作证，我从来不干这种事！”

“你为我想想，我怎么能去做没把握的事？你想让我出洋相啊。”

也可以使用摆手、摇头、耸肩、皱眉、转身等身体语言和否定的表情来表示自己的拒绝态度。

## 将“上谕”暂时放到一边

人们在和地位较高的人交往时，难免会有紧张、小心的心态。由于地位的悬殊，心理上会产生两难的局面，有时即使你夹着尾巴做人，也有可能出现闪失。要知道，领导地位比你高，有决定你饭碗和命运的权力。下面的一则寓言就生动地说明了这一点。

狮王想吃掉他的三个大臣，于是想出了个骗局好吃掉他们。它张开大口，叫熊来闻闻它的嘴里有什么味道。

“大王，您嘴里的气味很难闻，又腥又臭的。”熊老实巴交的，自然实话实说。

狮王大怒，说熊侮辱了身为百兽之王的它，罪该万死！于是就猛地扑了过去，把熊给吃掉了。

接着，狮王又叫狐狸来闻。

狐狸看到熊的下场，便极力讨好狮子，它说：“啊！大王，您嘴里的气味非常好闻——既像甘醇的酒香，又似高级的香水。”

狮王又是大怒，它说狐狸太不厚道，是个马屁精，肯定是国家的祸害。于是又扑上去，把狐狸也吃了。

最后，狮子问兔子闻到了什么味道。

兔子答道："大王，非常抱歉！我最近伤风，鼻子不通气——现在什么味道也闻不到了；大王您如果能让我回家休息几天，等我的伤风好了，一定会为您效劳。"

狮子找不到理由，只好放兔子回家了；兔子趁机逃之夭夭，保住了性命。

这则寓言的寓意是：上司地位较高，又有权力，一直习惯了高高在上、指手画脚；有时候还会反复无常，即使下属完全按其想法做事，也会招致他的不满——因为他顾虑的东西，是下属难以想象的。

在与领导相处时，如果接到领导不冷静、不理智的命令，下属不能一味地听从，必要时，可以"顾左右而言他"，不去理会领导的无理要求。即便是下属在工作关系上隶属于领导，但下属也有自己独立的人格，不可能什么事都不分善恶是非地去绝对服从。

齐景公有一次大宴群臣。酒酣之际，齐景公便有些忘形，他对大臣们说："各位今天可以痛快地饮酒，不必受君臣之礼的拘束！"

群臣纷纷谢恩，可偏偏晏子却"不知好歹"，他严肃地对齐景公说："大王的话不妥！禽兽都是以雄健有力者为首，弱肉强食，所以每天都在更换首领。大臣们若抛弃礼节，就可能有更换国君的危险，敢问您将怎么处理呢？”

齐景公听了很不高兴，背过身子，不理会晏子。

过了一会儿，齐景公出去方便。回来后，晏子就坐着不动，也不起身；君臣碰杯，晏子也不谦让，只自顾自地先饮。

齐景公怒容满面，瞪着晏子说：“刚才你不是还教训我不能没有君臣礼节吗？你讲的礼节都哪儿去了？”

晏子当即离开坐席，向齐景公拜了再拜，恭敬地说：“我哪里敢这样做呢？之所以这么做，是想让大王了解没有礼节的实际情景啊。”

齐景公听了恍然大悟：“原来是我的错啊！先生请入座，我按你说的办就是了。”

此后，齐景公完善礼法，整顿制度，从此官员守礼，百姓肃然。

以子之矛，攻子之盾。当下属暂时没有能力改变上司的错误观点时，最好的办法就是以上司的观点说话行事，借此给他本人以“响亮的耳光”。

唐太宗时，大将尉迟恭就能够巧妙地处理好与唐太宗的关系。有一次，唐太宗与吏部尚书唐俭下棋。不料，这吏部尚书唐俭不懂奉迎，又爱逞强，使尽解数，将唐太宗逼得步步弃子，杀得唐太宗落花流水。唐太宗一时觉得很没面子，又因为平日唐俭言语直露，甚是不恭，就想治罪于他。于是派尉迟恭去搜罗唐俭的罪状。尉迟恭没有直接反抗，而是采取“和”的办法。回来后劝谏唐太宗三思而后行，闭口不提唐俭的短处。唐太宗火气消后，冷静下来，自知无理，便作罢了。

假使尉迟恭一味地附和唐太宗，真的将唐俭所谓的“罪名”搜罗出来，导致唐俭被杀，等以后唐太宗冷静下来，又肯定会治罪于尉迟恭，那可真是害人害己，自讨苦吃。尉迟恭巧妙地不去搜罗唐俭的“罪过”，使得唐太宗不至于情急出错，同时也保全了自己，并落得好名声，可谓是一石三鸟。

对于上级的不合理要求，要学会搁置，既不得罪上司，也不为难自己。

## 讲人情，留后路

众所周知，我国自古是文明之国、礼仪之邦。在人际交往中，向来是很讲人情礼仪的。但是，当前社会上有的“人情”却远远超出了这个范围。

“重人情，讲面子”是中国人维持关系的一条准则，每一个在社会上“行走”的人，几乎必然会受到这一准则的影响——这种影响很可能使人变得说话瞻前顾后，凡事先考虑人情，失去了自我，更有甚者为人情所奴役，做出违法犯罪的事来。

其实大可不必如此！每一个手中有点权力的人都应该清楚：对于不必要的人情，隐藏在人情背后的“不情之请”，正确的做法是张口拒绝——拒人情，留自在。

《史记·循吏列传》记载：春秋时期，鲁国有一位名叫公仪休的人，因其德才兼备而被任命为鲁国相国。公仪休爱吃鱼，有一天有人送鱼给他，他却拒而不受。

送鱼的人就说：“相国，你喜欢吃鱼，为什么不接受我送的鱼呢？”

公仪休说："正是因为我喜欢吃鱼，才不能收你的鱼。我现在任相国，有足够的薪俸自己买鱼吃；如果我收了你的鱼，而因此被免了官，断了俸禄，到那时谁还来给我送鱼，那样的话岂不是没鱼吃了吗？"

一席话说得来人哑然失笑，只好乖乖地把鱼提走了。

公仪休拒鱼，找的就是一个很好的借口——不因小失大。这是一个非常实在的道理：不受贿，可以用自己的薪俸买鱼吃；受贿，很有可能会丢官。丢官以后，人们就不再送"鱼"给你，而自己由于失去俸禄，便什么爱好都不能实现了。

在建国初期，毛泽东主席为提醒全党同志要警惕敌人用裹着糖衣的炮弹来攻击，将建国第一案的"主角"刘青山、张子善"明正典刑"。

在经济发展飞速前进、社会生活日益丰富的今天，掌握着一定权力的党政干部更要提高警惕，应该像公仪休拒鱼那样，拒绝伴随新式"糖衣炮弹"而来的人情，留得"自己买鱼吃"的自在。

东汉安帝时，杨震被委任为东莱郡太守，赴任途中经过昌邑县，县令王密迎接。王是杨原先推荐的，对杨感恩戴德，念念不忘，总想报答他，心想这回总算是有机会了。

夜里，王密怀揣十斤黄金，悄悄来到杨震住处，双手奉上。

杨震不看金子，笑问王密道："咱俩也算得上老朋友了，我很了解你，可你却不了解我，这是为什么呢？"

王密急忙声称金子是自家之物，绝非贪贿所得，敬奉老先生也只是略表寸心，并说："现在深更半夜，这事根本无人知道。"

杨震不怒自威，一字一句地说："天知、地知、我知、你知，怎能说是无人知道！"

王密仿佛遭到了迎头棒喝，顿时清醒过来，羞愧难当、无地自容，连声感谢杨震的教诲，收起黄金离开了。

杨震从此有了"四知太守"的美名。

好一个"四知太守"，面对朋友的"寸心"，置身于深夜中的私人住处，杨震依然说出"天知、地知、我知、你知"的警示名言——在这样一身正气的上司面前，下属还能有何非分之想！

外国人当中也不乏"拒人情，留自在"的知名人物。林肯就任美国总统以后，亲朋好友都想沾他的光，为谋得一官半职，人们接踵而来。跑官客踏破了门槛，这使林肯在为国事操劳之余，遭受了无穷无尽的烦恼，大伤脑筋。

有个代表团劝说林肯任命他们推荐的人来担任桑德威奇岛的专员。他们说，这个人不但有能力，而且身体虚弱，那个地方的气候对他也会有好处。

"先生们，"林肯叹息道，"十分遗憾，另外还有八个人已经申请了这个职位，他们都比你们说的这个人病重。"

一个女人迫切地要求林肯授予她的儿子上校军衔。

"夫人，"林肯说，"我想，你一家已经为国家做够了贡献，现在该给别人一个机会了。”

即使在林肯生病时，前来求职的人依然是络绎不绝。

一天，又有一个人来到林肯这里。他一坐下就摆出一副要长谈的架势。正好总统的医生进来，林肯便伸出双手对医生说：“医生，你看我的这些疙瘩到底是怎么一回事？”

“这是假天花，也可能是轻度天花。”医生认真地回答。

“我全身都长满了——我想，这种病是会传染的吧？”

“传染性确实特别强。”医生肯定地说。

就在林肯和医生的一问一答中，那个跑官客早已经站起身来了，他大声地对林肯说：“林肯先生，我该走了，我只是来看望你一下。”

“啊，你可以再坐一会儿，别这么急嘛！”林肯开心地说道。

“谢谢你！林肯先生，我以后会再来拜访你的。”那个人说着，急忙向门口走去。

一人得道，鸡犬升天，这是一般人得势后对朋友的做法，也是一般人对得势朋友的期望甚至是要求。

林肯拒绝跑官客，用得最多的是“耍滑”，用“另外还有八个人已经申请了这个职位”的说法，巧妙地回绝了某代表团提出的委任他们推荐的人担任桑德威奇岛的专员的请求；以“你一家已经为国家做够了贡献，现在该给别人一个机会了”的说法，巧妙拒绝了某女人提出的授予她的儿子上校军衔的要求；以全身长满传染性极强的天花的自我曝光，巧妙地吓走了去医院找他的跑官客。

人生在世，谁没有儿女之情、朋友之谊，问题就在于这情该因何而发、因何而用。

新中国建立初期，毛泽东同志不断地接到亲朋故友的来信，有求他安排工作的，有找他为子孙入学说话的，也有托他做入党介绍人的……

毛泽东严格坚持原则，对于至亲好友，也一概不开后门；毛岸英也写信帮助父亲做工作，他在写给表舅的信中说："反动派常骂共产党没有人情，不讲人情，如果他们所指的是这种帮助亲戚朋友、同乡同事做官发财的人情的话，那么我们共产党正是没有这种人情，不讲这种人情。共产党有的是另一种人情，那便是对人民的无限热爱，对劳苦大众的无限热爱，其中也包括自己的父母子女亲戚在内……"

所以，关键是要辨清人情之味，看看究竟是哪种人情，再决定采取哪种态度。

## 委婉说话尊重他人

在语言沟通的过程中，委婉是一种很有奇效的黏合剂。委婉是一种以真诚开放的沟通方式来对待对方，同时，也尊重他人的感受，不随便伤害别人的语言表达方式。所以，会说曲话者也是一个说话高手。

委婉含蓄的表达是一门语言的艺术。因为它比口无遮拦、直截了当地说话更能展现个人的语言修养。直言不讳、开门见山虽然简单明了，但给人的刺激太大，非常容易伤害对方的自尊心，比如一个服务员在向顾客介绍衣服的时候，经常会说："你的脸比较大，适合穿××的领子；你的臀部长得不完美，适合穿××的下装。"其实，她应该说："你是不是觉得你穿上这种领型的衬衫会更漂亮？""这种强调颈部和夸张肩部的设计对平衡上下身的围度比例将会起到更好的调节作用，使整体匀称而又不失成熟之美"此类建议的话。虽然前后意思相同，但后者委婉而有礼貌，比较得体，使人听起来轻松自在，心情舒畅，也更容易让人接受。

委婉含蓄的语言，是劝说他人的法宝，同时它也能满足人们心理上的自尊感，容易产生赞同。换句话来说，委婉含蓄的语言就是成熟、稳重的表现。中国人讲究曲径通幽的含蓄美，虽然它和条条大路通罗马是相同的意思，但一比较就有明显的差别，而智者说话往往是委婉含蓄的。

要怎么说话才能体现出一种艺术性呢？

也许有的人会反对，因为他们认为直言不讳地批评你的人才是真心对你好的人。

“真心”有真实、真诚的意思。对别人说话时我们需要真诚，但不一定非要真实。比如你看到一个长相欠佳的人，你一见面就如实地对他(她)说：“你长得真难看！”你说人家听了之后会喜欢吗？会不攻击你吗？你可能会委屈地说你只是实事求是。不错，你确实是实话实说了，可你也伤人了。人常说恶语如刀，所以，我们说话时要尽可能的含蓄、委婉些，这样才能使周围的人愿意接近你、亲近你，对你满意。

孩子说了真话，人们会说童言无忌，天真可爱，他们的真话可能会博得大家一笑。若成人也那样讲话的话，人家肯定会鄙夷其愚蠢，骄傲自大。这也就是蠢者说话口无遮拦、直截了当所造成的后果。

因此，不管什么时候，说话都要注意方式，多用委婉的语言来表达。其实，有很多问题都能用婉言表达，它能促进互相尊重，让人与人之间充满友好和谐的气氛。

丘吉尔说："要让一个人有某种优点，你就要说得好像他已经具备了这个优点一般。"如果有人碰到困难而畏首畏尾，或者办起事来优柔寡断，那么你不妨适时而委婉地说："这样前怕狼后怕虎的不是你以前的表现呀"，"你是个很有决断力的人"。先给他戴上他应该具备的优点的高帽子，给予鼓励。由于给他一个良好形象的定位，所以他也会为此而努力，从而改变目前的不当做法。而不应直说："你这个人真是笨，什么事情都办不好。"这样一锤子就把对方打死了，反而会使其丧失了勇气。

## 学会说话拐个弯

在为人处世中，直言直语是一把伤人害己的双面利刃。喜欢直言直语的人通常具有正义倾向的性格，语言的爆发力和杀伤力也都非常强，所以有时候这种人会被别人用来当枪使。当与别人说话的时候，少直言指陈他人的处世不利，或纠正他人性格上的缺点。无数个事实证明，这并非爱之深责之切，而是在和他、和自己过不去。每个人的内心都有一座堡垒，把自我藏在里面。你的直言直语恰好把他的堡垒攻破，把人家从里面揪出来。所以，能不讲就不要讲，要讲就绕个弯，点到为止。另外，生活中，经常会听到“对事不对人”这个词。所谓“对事不对人”，就是说其实这只是说说而已。事是人计划的、人做的，批评事也就等于批评人了，没有任何区别。

在日常生活中，直接辱骂别人，听者当然很容易就能听出来，如果说话人使用的是隐含的侮辱人的话，就更应该注意了。听话人不仅要善于听出对方的恶意，而且必要时还可以“以其人之道还治其人之身”，给对方一个含蓄的回击。据说，有一位商人看到诗人海涅(海涅是犹太人)就对他说：“我最近去了塔希提岛，你知道在岛上最能引起我注意的是什么吗？”海涅说：“你说吧，是什么。”商人说：“在那个岛上呀，既没有犹太人，也没有驴子！”海涅却回答说：“那好办，要是我们一起去塔希提岛，就可以弥补这个缺陷了。”这里，商人把“犹太人”与“驴子”相提并论，很明显是在暗地里骂“犹太人与驴子一样”，海涅当然听出了对方的侮辱和嘲笑，回答时话里有话，暗示这个商人就是头驴子，使商人自讨无趣。

直言直语有两种情况，要么是一针见血，要么是胡言乱语。一针见血地说出别人的毛病，即使出发点是好的，但其杀伤力极强，很容易使别人下不来台。

而胡言乱语会让人恼羞成怒，甚至怀恨在心，导致你人缘很差。这样的人，别人不是对你敬而远之，就是对你嗤之以鼻。

说话不加修饰，只会直言直语，其实也是一种无知的表现。有些善意的东西，若能够婉转表达，别人会产生感激之情。在与人交谈的过程中，总会有一些让人不便、不忍或者是语境不允许直说的话题和内容，这时候就要将“词锋”隐遁，或者是把棱角磨圆一些，使语境软化一些，好让听者更容易接受。

从前，英国有个倒卖香烟的商人去法国做生意。一天，他在巴黎一个集市的台上滔滔不绝地大谈吸烟的好处。突然之间，从听众中走出来一位老人，连个招呼也不打，就走到台上非要讲一讲不可。那位商人毫无思想准备，不禁吃了一惊。

于是老人在台上站定后，就大声说道："女士们，先生们，对于抽烟的好处，除了这位先生讲的以外，还有三大好处哩！不妨让我来讲给大家听听。"

英国商人一听老人说的话，转惊为喜，连忙向老人道谢："谢谢您了，老先生。我看您的相貌不凡，说话动听，肯定是位学识渊博的老人，请您把抽烟的三大好处当众讲讲吧！"

老人微微一笑，马上讲起来："第一，狗见到抽烟的人就害怕，就逃跑。"台下的人都很莫名其妙，商人则暗自高兴。"第二，小偷不敢到抽烟的人家里去偷东西。"台下的人连连称怪，而商人则喜形于色。"第三，抽烟者永远年轻。"台下一片轰动，商人顿时满面春风，得意扬扬。

接着老人把手一握，说："女士们，先生们，请安静，我还没说清楚为啥会有这样三大好处呢！"商人分外高兴地说："老先生，请您快讲呀！""第一，在抽烟的人中驼背的多，狗一看到他们以为要拾石头打它哩，它能不害怕吗？"台下的人发出了笑声，商人却吓了一跳。"第二，抽烟的人夜里总爱咳嗽，小偷以为他没有睡着，所以不敢去偷东西。"台下的人一阵大笑，商人在那里大汗直冒。"第三，抽烟的人很少有长寿的，所以永远都年轻。"台下的人一片哗然。

此时，倒卖香烟的商人不知什么时候已经偷偷溜走了。

随着这样的步步深入，几个"迂回"，那个商人能不溜走吗？

曾经有这样一个故事，触龙劝说赵太后同意让小儿子到齐国做人质，就是运用了这种“迂回”的手法。他在众大臣劝说无果的情况下，上前劝说，先是关心太后的身体健康，然后又向太后请求为自己的小儿子安排工作，在一步一步打消了太后的思想顾虑之后，又用“激将法”说她是爱自己的女儿胜于爱小儿子，再接下去道出了“为之计深远”的大计，最后终于说服太后让小儿子去齐国做人质。

可以想象，假如触龙直接劝说，是不可能取得好的效果的。其实，也就是在说话时，在步入正题前先做一个“铺垫”，说话“迂回”一些，然后再一步一步导入重点，这样就会收到良好的效果，就像游览古典园林一般，“曲径通幽，渐人佳境”。

所以，请记住：正话要反说，硬话要软说，让自己的舌头绕个弯。将那些盲言、不中听的真话暂时搁在一边，以免对方生厌。在现实生活中，很少有人因直言而让自己获得好处，这是成功处世的经验之谈。

## 批评是万不得已的下策

批评是危险的，因为它常常伤害一个人宝贵的自尊，并激起他人的反抗。英国有句民谚：要记住，批评是用来解决问题而不是侮辱人的。所以不要轻易地去批评谁。

Z先生是纽约市的一个年轻律师。有一次，他在联邦最高法院审理一宗涉及巨款和违法的重大案件时出庭辩护。当时一名法官对他讲："根据军舰制造厂限制条款，你的当事人应判6年刑，难道量刑不当吗？"Z先生看了法官一眼，然后开门见山地说："尊敬的法官，这种条款是不存在的。"

事后Z先生说："当时法庭内鸦雀无声，室内温度好似突然降到了零下。我是对的，法官是错误的。于是我就向法官直言陈述了自己的观点。可你想他能同意我的观点吗？不会的。但我仍然相信自己的观点是符合法律规定的。我觉得这次辩护发言比以往任何一次都成功，但就是没能说服法官。其实当我指出这名法官的说法不对时，我已经犯了一个大错。"

真正有智慧的人，决不会简单地批评对方，以让对方接受自己的意见。

我们不要去责怪别人，而是要试着去了解他们，弄清他们为什么会那么做。这会比批评更加有效，而且这样做还能产生同情、容忍以及仁慈的效果。了解了一切，就会宽容一切。

已经去世的“百货大王”约翰·华纳梅克曾经承认：“我在30年前就已经明白，批评别人是愚蠢的行为。我并不埋怨上帝对智慧的分配不均，因为要克服自己的缺陷都已经非常困难了，当然更没有时间去埋怨上帝了。”

我们要切记，与我们交往的不是纯粹按道理或逻辑生活的人，而是充满了感情的，带有偏见、傲慢和虚伪情绪的人。批评是一根导火线，它足以使人的自尊爆炸，这种爆炸有时会酿成大祸。

一个人处在一定的社会环境中，总会遇到一些复杂或者令自己气愤的事情，或许这件事情是别人的错，或许是自己的错。但是，由于面子问题或者其他什么原因，我们总能找出批评别人的理由。于是我们就会用比较强烈的语言来批评别人，其实这样做的结果往往会适得其反。

中国有句老话“树活一张皮，人为一张脸”。有的时候，对方虽然知道自己做错了，但你批评他，他心里也会不太舒服，有的甚至会对你怀恨在心。所以，使用批评要特别地谨慎小心。

美国南北战争时，林肯总统一次又一次地任命新的将军带兵打仗。而每一个将军——麦巴里兰、波普、伯恩基、胡克尔、格兰特都相继惨败，使得林肯只能失望地踱步。全国有一半以上的人，都在痛骂那些差劲的将军们，但林肯信守“不对别人批评，只对大家祝福”的准则，一声也不吭。他喜欢引用的语句之一是“不要评议别人，别人才不会评议你”。

当林肯太太和其他人对南方人士有所非议的时候，林肯回答说，“不要批评他们，如果我们在同样情况之下，也会跟他们一样。”因为林肯知道，这些批评不会起到任何作用，只会使事情向更坏的方向发展。

坦率给人提意见的人，即使不因此招人怨恨，至少也不会受到欢迎。这是因为人类都有强烈的自尊，都有面子的需要，都希望受到表扬而拒绝批评。虽然明知道别人有过失而不及时批评纠正是不对的，无异于怂恿其继续犯错误，但在提意见的时候如果施行“无麻醉手术”，言辞激烈可能会使对方坚持错误，产生抵触情绪。所以说批评是一门艺术，只要运用得好，它还是能解决问题的。

我们在万不得已需要批评别人的时候，首先必须对被批评者寄予同情。这里的同情，当然不是指去同情他的错误，而是要谅解他犯错误的原因和体谅他已经犯了错误时的难过心情。只有这样，我们在批评他时，才不至于把话说得太难听。只有当被批评者认识到你是同他站在一起而不是同他敌对时，他才可能接受你的批评。

# 第四章

# 谈吐是人的脸面，也代表了你的身价

别输在不会表达上

为什么一些穿着体面、打扮时尚的人仍然没有自信？原因有很多，但是最重要的其实是一个人的谈吐。如果你的言谈举止没有自信，那么一切都是枉然，你会显得很肤浅，很难给别人留下深刻的印象。你可以贫穷、长相平庸、穿着普通，但是你可以说话掷地有声，用谈吐来提高你的身价，让你变得与众不同。

## 少一点啰唆，多一些实际

当我们面对那些说话唠唠叨叨、拖泥带水、言语空乏而没有重点的人，心里多多少少会有些厌烦。

关于啰唆，有这样一个笑话：

有一位“啰唆先生”在写给家人的信中说：

“……吾于下月即将返里。不在初一即在初二，不在初二即在初三，不在初三即在初四，不在初四即在初五，不在初五即在初六，不在初六即在初七，不在初七即在初八，不在初八即在初九……不在二十八即在二十九。其所以不写三十，因月小之故也……”

“啰唆先生”的这封信，主要就是一个意思“吾下月将返里”，可是他却写了一大篇，说来说去都是一个意思。虽然这仅是一则笑话，但它说明了：说话要简洁明快，言简意赅，不要太啰唆，否则就会失去魅力。

语言简洁而明快，能够表示出说话者高超的认识能力和思维能力，体现出说话人的性格果敢决断，有自信，能够快速而深刻地分析问题。快节奏的现代社会，人们的时间观念越来越强，如果能够办事果敢，说话干脆果断，不拖泥带水，会给人留下精明能干的良好印象。

但怎样能做到言简意赅，不啰唆呢?

其实，想要使说话简洁明了，并不是很难。在叙述一件事情时，尽量用最简明的方式向他人说明。就像有人虽然说了很多，但还是没有说出事情真正的意思，白白占用别人的时间和精力。要避免啰唆的最好办法是，在说话之前，先在脑海里制订一个初步的计划，然后再简单讲出来。

有时为了吸引别人的注意，讲话时需要使用叠句或加强语。叠句不是不可以用，但不能滥用，否则就会显得拖沓。比如，小孩子为了要求得到满足，常会问父母："行不行，行不行？"一个劲儿地重复着，父母大多会不耐烦地回答："不行！"

语言博大精深，丰富多彩。我们尽量在允许的范围内使表达更加多样，因此要注意避免频繁地使用一个名词。即使是新词汇，如果被反复地说，就会失去新奇感，甚至会引起别人的厌倦。

人们在平时接触得比较多的问题，实践中一些隐晦的问题，需要自己去揣摩并克服。如果在说话时能保证措辞简洁而生动、恰如其分，就可能做到在交际中游刃有余。

## 原来言语也可以“瘦身”

为了希望自己的演讲能够获得掌声，深入人心，许多人常常把演讲稿写得繁冗不堪。其实，演讲并不是一个“大胖子”，多多益善。避免使用赘词，“玲珑有致”的演讲稿，才是成功的。

一位主人在用餐之前，向所有客人致辞时。他就犯了“啰唆”的毛病。

“各位来宾、女士们、先生们：

首先让我说声大家好，平常我承蒙各位照顾，一直希望能有机会报答在座的各位，希望能表示我的一点谢意。今天特地邀请各位来参加这个宴会。各位能在百忙中大驾光临，真使我觉得三生有幸，蓬荜生辉，特地在此表示谢意。

其实，利用今天这个机会来讲公事是一件不礼貌的事情，但是我也是身不由己，请大家先接受我的道歉。公司数年来一直苦心研究的新产品终于研制成功了，并且在大量地投入生产，今后开辟市场和销售方面，还须仰仗各位，因此特地摆席设宴，聊表心意。

过去几年不少新产品的销售都仰赖各位，并且接到不少订单，为公司带来不少效益。敝公司对于成品的销售能有十足的信心和把握，都是托大家的福，对于这一点，敝公司非常感激。现在再度重托各位，但愿各位能再为新产品推广销路。总之，请容我再度向各位表示感谢。

这次的新产品，和同类的产品相比，有诸多优点……说句发自肺腑的话，凭借着这些优点，新产品理所当然获得好评。今天麻烦各位专程来参加宴会，但因准备不周，未能尽心招待，草草备有酒菜，还请各位慢慢饮用，并且开怀畅谈。

不知不觉讲了这么一大堆话，深表歉意，请各位宽恕我的无礼。最后再一次谢谢各位对我们产品的关怀和照顾。现在谨以拙辞聊表十二万分谢意，并且预祝各位事业如意，精神愉快。”

本来几句就可以介绍完的事情，这位主人却洋洋洒洒说了一大篇。等他说完，酒菜早已经变得冰冷。

莱特兄弟在成功发明飞机之后，声名远播。在庆祝大会上，他们的演说却非常简短。“各位先生，各位女士，鸟类中最善于讲话的鹦鹉是飞不高的，而我则不善于讲话。谢谢各位！”几句话，却引来无数的掌声。

其实，讲话要取得成功，无需长篇大论，能做到用最少的字句，包含尽可能多的内容，并打动听众，就已经成功了一大半。所以我们讲话时，言语该“瘦”的地方要“瘦”，该“胖”的地方要“胖”，做到有重点，有曲线，饱满而有力。

## 说话要合情合景

当我们参加一些比较温馨的宴会时，一定要注意自己说出来的话要符合当时的场合，要让自己的话语融入到氛围之中，即便你内心悲伤，也不要在这样的场合中完全暴露，否则就会因为你一个人而破坏了宴会的整体氛围，这样你不仅不会赢得别人的同情，反而会让人觉得你不懂事，故意捣乱，就像下面这个小案例：

两位早年毕业于某高等院校中文系的老教师退休了，为此，该学校为二人举行了一个欢送会。在会上领导自然会对他们的工作和为人进行一番热情洋溢而又得体的肯定和赞扬。人多了总是有比较的，所以对那位曾经获得过先进表彰的老同志的美誉自然会多一些，这就让另一位老同志心里有点难过。所以当轮到两位受欢迎的退休老同志致答谢词的时候，他们自然会对大家的欢送表达深深的感谢。一时间，会场里充满了令人动情的温馨气氛。作为欢送会，答谢的话本应该点到为止；然而，那位老教师却并没有就此打住，而是将自己心里的悲伤说了出来，他在主席台上大发感慨，说自己很遗憾，从来也没有得过一次先进……

话还没说完，坐在他对面的那位青年教师就开了口，告诉他不用这样难过，他没有当上先进，不是因为他不配，而是怪大家没有给他提名。一时间大家都感觉到了青年教师话语中带着刺，老教师被这句话说得面红耳赤，眼角眉梢也被“刺”出了一股忧伤的表情，一时间会场中所有的人都处于一种尴尬的状态。

领导见势头不对，赶紧接过话茬，想缓和一下会场的气氛。照理说，他应避开“先进”这个敏感的话题，引导着众人谈论其他的事情。然而，他却反复就先进这件事情劝慰那位退休老教师。如此一来把本应该避而不谈的话题做了重复和引申，使会场本就尴尬的局面变得更为紧张而尴尬。

这个小案例中没得过先进的老同志和他的领导都没有注意说话应该符合场合需要的特点，这就不可避免地引起了众人的尴尬。所以要想得到大家的认可和尊重，一定要懂得说话的艺术，在恰当的时机说出最得体的话语。

## 动嘴之前先动眼

俗话说“见人说人话，见鬼说鬼话”，虽然话糙，但理不糙。这不仅说明一个人要巧言令色，还要懂得见到不同的人要说不同的话。但是，要说出漂亮的人话和鬼话，要人和鬼都喜欢听，都能听进去，还是比较困难的。谁知道别人爱听什么、不爱听什么呢？这就要“看”，不但要懂得人言和鬼话，还要看清是对谁说话,更要学会察言观色。

徐坤就是一个懂得察言观色的人，他一直是老板跟前的红人。他总结自己能得宠的原因，主要是会看领导的脸色、动作和听老板说话的变化行事，在这之后，他才说出自己的看法。

如果老板满脸红光，时不时地哼着歌，说明此时老板的心情很好。如果在汇报工作时，老板表情严肃，半天都没有表态，就要做好心理准备，老板有可能会就工作发问，或是不太赞成，一定要弄清楚老板的想法，并按照老板的意思来施行。

他每次都仔细观察老板的脸，因为从老板的脸上也能看到阴晴。如果老板嘴里已经答应了，但是眉头却紧皱着，抑或是他的嘴唇突然紧闭，嘴角向下。这表示他内心并不愉快。老板的话其实是言不由衷，或者是碍于面子，不得已才这样说。

的确，每一种体态、每一种动作都可以被认作是一种特殊语言，都在展现一个人的内心。问题是我们能不能看懂这些体态表情，领会体态语的内在含义。比如，你发现谈话的对象双脚并立，双臂交叉在胸前，这表明他对你怀有某种敌意，这是一种自我防卫状态；当他双臂交叉，双拳紧握时，说明他不止在自卫，还会攻击你。如果谈话的对象常常向你摊开双手，这表明他对你真诚坦率，没有任何防备心理。

与人交谈时不仅要看他说了什么话，而且还要注意对方说话声音的高低、强弱、快慢、腔调等变化，从而得知其言外之意，听出弦外之音。说话声音有多种变化，能够表现一个人的性格。说话节奏快、声音响亮的人多是急性子，说话节奏缓慢、声音低沉多半是慢性子，而语速也能表明一个人的情绪与心境。例如，人在忧伤时，语速较慢、声音低沉、节奏比较平缓，而兴高采烈时则恰恰相反，语速很快、声音较高、节奏感强烈。从这些表情变化中，我们便可随时猜度对方的心理态势，揣摩对方的心思。随时调整自己谈话的内容与方式，向对方的思想逐渐靠近。

## 喜庆场合中的妙语解围

正所谓说话有“术”，其实“能说会道”也是一种本领。古语有云“一语千金”“妙语退敌兵”的事情更是屡见不鲜。可见，会说、巧说是一种非常重要的技巧。因此我们应重视“说话”的作用，讲究“说话”的艺术。尤其是在不同的场合，一定要选用最得体、最恰当的语言来表达自己的情意，力争取得最佳的效果。

比如在喜庆的场合，人们的言行就应该体现欢乐色彩，这样才能让听众在情感上达到共鸣。尤其是作为婚礼的司仪人员，你的语言是调动气氛最关键的因素，所以一定要合理运用语言。看下面这个司仪人员所用的演讲稿：

各位来宾，各位亲友，欢迎大家来参加许立群和冯莉同志的婚礼，可以说此时此刻我们心情激动，个个笑逐颜开。我们认为许立群同志能够找到冯莉同志这样的妻子真是我们天山深处大兵的骄傲，冯莉同志能够寻觅到许立群同志作为自己的丈夫也可以说是边疆遇知己，慧眼识英才啊！所以说他们的结合真是郎才女貌，今天的婚礼更是珠联璧合。在此，我们为许立群和冯莉同志献上我们最真挚、最衷心、最美好的祝福：祝二位新婚快乐、生活幸福！祝你们在以后的生活中能够琴瑟永调，白头偕老！

这位司仪就是一位懂得运用说话艺术的人。他清楚地知道，在这种喜庆场合说话最重要的目的不是传递信息，更不是说服听众，而是为喜庆的氛围增加更多的笑料，让大家感受到欢乐，达到讲者喜气洋洋，听者笑声不断的效果。

当然在喜庆的场合中谁也避免不了犯错，有时会突然地出现一点意外事故，往往会使在座的人感到很扫兴。这时，懂得说话的人，只要一句得体的话便能够妙语解围。

比如在一次婚礼上，正当大家纷纷举杯向新郎、新娘祝福时，一位客人不小心打碎了桌子上放置的一只精致的茶杯。一时间，全场都愣住了，气氛顿时变得尴尬。这时，一位思维敏捷的人灵机一动，马上举着杯子高声喊道：“岁岁平安，真是吉兆！”一句话立即引得大家哄堂大笑，婚礼气氛又变得热烈起来。

# 第五章

# 语气轻松，用幽默化解尴尬

别 输 在 不 会 表 达 上

尴尬总会不经意地出现在谈话中。想要化解却无计可施，只有抓耳挠腮的份儿。其实，想要化解尴尬的话题，可以试试幽默这剂良药。在朗朗的笑声中，一切尴尬和不快都将抛到脑后，随声而逝。不要认为幽默深不可测，可望而不可及。其实，只要肯做些功课，幽默就不难掌握。

## 若幽默是水，那沟通就是井

如果将沟通比喻成井，那么幽默就是井中的水。没有了幽默，沟通也变成了一口枯井。幽默风趣的言谈，使沟通变得更加畅通简单。无论是在日常生活中，还是在重大的社交场合，幽默的人总是能够吸引别人的目光，给人带来快乐。

美国著名幽默大师马克·吐温有一次要去一个小城里。在临行之前，别人好心地告诉他，那里的蚊子特别多，一定要小心。到了那个小城之后，他找到了一家旅店，就在登记房间时，一只蚊子大张旗鼓地在马克·吐温的面前盘旋。旅店的职员特别尴尬，赶紧驱赶蚊子。

马克·吐温温和地看着职员，满不在乎地说："贵地的蚊子真是聪明至极！它懂得预先看好我的房间号码，以便夜晚光顾，美餐一顿。"

旅店的职员和其他旅客都被马克·吐温的话逗得哈哈大笑。结果这一夜马克·吐温睡得十分安稳。原来，旅馆的职员知道这就是大名鼎鼎的马克·吐温，为了不让这位大作家被蚊子叮咬，全体职工一齐出动，守护了一夜。

在现代社会里，人际关系是非常重要的一堂课，会在个人发展中起到重要的作用。人与人之间的沟通的确因为互联网等通讯手段而变得更为便捷、多样化，但是也变得更加公式化、格式化，交流的手段多了，“味道”却变淡了，语言沟通更是变得很困难。因为直白的、生硬的语言并不能起到良好的沟通作用，所以如果我们在谈话中加入幽默成分，充分利用语言的优势，表现得诙谐而风趣，那沟通效果肯定会不一样。幽默的谈话可以吸引听者的注意力，拉近双方的关系，进而变得更加亲密。如果你的话能使听者情不自禁地笑了起来，那就表明他已完全进入了与你的思想交流之中。你也就成为了交谈的主导。

沟通中的幽默，就如同在做菜时放入的调味品。英国作家哈兹里特曾恰当地将幽默在沟通中的作用，进行生动地比喻，“沟通中绝不可缺少幽默。尽管你说的话里包含着许多实在的内容，但是假如没有幽默的话，就会毫无味道，也缺少魅力。”虽然幽默能令听者对你说的内容更感兴趣，但它很少能从根本上改变听者的观点。所以，我们要客观看待幽默的作用，既不要小看，也不宜估计过高。

会沟通、善于幽默的人，常常能面面俱到。他们能将幽默变成源源不断的水，在沟通这口井中取之不尽，用之不竭，这便是一种智慧。

## 幽默不容小看

幽默是让语言变得更为生动的表现手法，尤其是在与人相处的过程中，幽默是一种不可或缺的调剂方式。幽默的谈话方式能够让人更加愉快，当双方发生争执的时候，如果每个人都坚持自己的意见，毫不妥协，不但让大家不欢而散，还有可能会因此伤害双方的感情。如果这时候你懂得利用幽默的语言，很可能就能够巧妙地化解这场危机，让争执双方会心一笑。

有这样一个小故事。某大学的心理系有位男老师，吸烟多年，烟瘾特别大。有一次，他和自己的学生打篮球，有一名男同学从衣袋里掉出了一盒香烟。出于老师的本职工作，该心理老师将这名同学叫到了办公室，耐心地为他讲解吸烟的害处，想说服他戒烟。可是有意思的是这名老师说着话，烟瘾上来了，习惯性地掏出了一根烟，不由自主地吸了起来。那个同学简直不敢相信，最后开玩笑地说道："老师，您现在可是劝我戒烟呢，怎么您自己也吸了起来？"

这名老师一愣，看看自己手里的香烟，感觉一阵尴尬，那名调皮的同学也觉得自己不应该说这句话。两个人一时间囧得不知道该说什么好，这时候心理老师哈哈一笑，说道："我确实是深受其害啊，我老婆天天骂我是个老烟鬼，你们一定也不喜欢老烟鬼吧？"说完就掐掉了手中的烟，继续说道，"从今天起，我也不要做老烟鬼了，你回去跟同学们说，请大家监督我。而且我也不希望你们将来与老烟鬼交友，这可是我三十年来的经验啊。"这位同学一听，就乐开了。

从那以后，这名心理老师和他班上几个爱吸烟的同学都开始戒烟。可见，幽默风趣的语言不仅能够让双方摆脱尴尬的困境，而且还是一种十分有效的教育手段。

的确，幽默就像是生活中的调味品一样，如果你能够在说话的同时运用一些恰当的比喻、夸张或诙谐有趣的语言，那么很快就能使谈话的氛围变得轻松而愉快，让你在笑声中获得更多的信赖和更好的人缘。

## 幽默是智慧的结晶

幽默是一种智慧的表现。许多成功人士都用幽默展现他们独到的大智慧。幽默的人之所以能够妙语生花，不仅仅是因为才思敏捷，更因为他们拥有着常人所不能及的智慧。

有一位漂亮而风流的女演员，大着胆子写信向英国的剧作家萧伯纳求婚。在信中，她表示自己不嫌萧伯纳年迈丑陋，还深情地写道："咱们的孩子如果像你一样具有智慧，像我一样漂亮，那该有多好！"

萧伯纳给她回了一封信，信中说："可是，假如我们生下来的孩子外貌像我这样丑陋，而头脑又像你这样愚蠢，那该有多糟糕啊！"

萧伯纳这位大师一语中的。他在极为简单的语言中融入了深邃的哲理，可以说是幽默的最高境界。幽默最高超的地方就是在说话中将人的智慧和语言技巧巧妙地结合了起来，从而揭示出事物的深刻含义，使人在大笑中评判是非，领悟哲理，并且能够增长智慧。

德国著名的画家阿道夫·门采尔有许多仰慕者。一位年轻的画家慕名而来，他向门采尔诉苦说："我真是不明白，为什么我画一幅画只用一会儿的工夫，可是卖出去却要整整一年的时间。"

"请你倒过来试试吧，亲爱的。"门采尔很认真地说，"要是你花一年的工夫去画它，那么只用一天，就准能卖掉它。"

门采尔并不是在开玩笑，而是用幽默的话语，告诉对方最朴实的道理：付出和得到是成比例的，你付出得少，得到的收获便有限；若你肯花费时间和精力，付出了很多，那么你一定会收获颇丰。

在生活中，谁都不喜欢公式化的交谈方式，那种作报告式的谈话很难持续很久，因为太枯燥无味，人们都喜欢跟那些谈吐幽默、机智风趣的人交谈。这种交谈也是对自己的一种提升，你的思维会因为幽默而被调动起来，你的口才也会因为幽默而有所锻炼、提高。所以，一次富含智慧的、幽默的谈话，无疑会让人受益匪浅。

## 幽默是乐观者的印章

幽默不是我们生活中的必需品，它并不是万能的。可是，生活中如果有幽默做为调剂品，那么会收获许多意想不到的欢乐。幽默确实能改变你的生活方式，乐观的人都用微笑作为自己的名片，用幽默作为印章。因为他们深知，幽默能让人用崭新的眼光看待周围的环境，重新审视个人的生活，重估那些困扰已久的难题，把不可能变为可能。

成功的人大多比较乐观。他们能够获得工作上的成就和事业上的成功固然需要很多条件，但幽默也是促使其成功的因素，这是一个不争的事实。

美国福特汽车公司曾经一度陷入了低谷。当时，年轻有为的总裁亨利，通过一系列地变革和创新，使每月亏损900万美元的福特汽车公司成功扭转了不利的局面。有人针对他在改革过程中做过的一些错误决定而问他，“如果让你从头做起的话，你会避免那些错误吗？”亨利爽朗地答道：“我依然会犯错。人们常常都是在错误和失败中逐渐学到成功的，如果要我从头再来的话，我想我可能犯一些不同的错误。”

亨利幽默地道出了他之所以能够获得事业成功、力挽狂澜的一个重要原因。幽默，让他能用乐观的心态，去面对最不利的事情，闯过大风大雨。

在现代生活中压力巨大，每个人都如同一根紧绷的弦。而幽默，则能帮助我们解除工作中的紧张状态，乐观的人甚至用幽默来解决生活中的难题。

一个规模较大的化工厂建在了一个大城市的市郊地区。因为这个厂主要是生产一种化学产品，会排出大量的烟和灰尘，使附近的几个企业都深受烟雾和灰尘之苦。一次，化工厂正在加班生产的时候，隔壁一家工厂的厂长和该厂的厂长不期而遇，便半开玩笑地说出了心中积累已久的不满：“你们生产这么忙，应该想个好办法处理掉这些烟和灰尘吧。”化工厂的厂长很认真地回答说：“我们打算将烟筒加高，我还准备找包装厂定制一个特大的塑料袋，租直升机把袋子罩在烟囱上。”他的一席话立刻化解了对方的不快，两人都哈哈大笑起来，紧张的心情便渐渐地舒展开来了。

人生不如意事十之八九，人们难免会有痛苦和烦恼。如果想不开，钻进了死胡同，只会痛上加痛。乐观的人懂得如何将痛苦变成幽默，用幽默作为自己的印章。微笑是一个人的名片，而幽默则为别人带去了欢乐，不仅给人留下了深刻的印象，更为自己人际关系的圆融创造了良好的润滑剂。

## 中国人的幽默

中华民族的幽默，历史悠久。

早在春秋时期，各国贵族们就拥有一些善于“滑稽调笑”的艺人。在《史记·滑稽列传》中载“优孟谏楚庄王贱人而贵马”，便是用戏谑之言，使楚王最终意识到了是“寡人之过”。优孟用诙谐可笑的语言，成功进谏。

在我国第一部诗歌总集《诗经》中，不少讽刺诗和情诗中都能见到幽默的身影。

例如《邶风·新台》一诗，写的是卫宣公的一桩丑闻。卫宣公本来打算让他的儿子娶齐国女子宣姜为妻。可是后来，卫宣公听说那个女子非常漂亮之后，便派人把宣姜从中途拦截了下来，做自己的女人。因此，卫国人民将这件丑事写成了诗。用齐女的视角和口吻，进行揭露和讽刺。意思是说撒网本来是为了捕鱼，却遇到一个癞蛤蟆；本想嫁给如意郎君，却竟然嫁给了一个又丑又老的老头子。用形象生动的比喻，嬉笑怒骂，讽刺了统治者卫宣公的好色虚伪。

到了三国时，魏人邯郸淳所撰的《笑林》是我国第一本笑话专集。“汉世有人，年老无子，家富，性俭啬。恶衣蔬食，侵晨而起，侵夜而息，营理产业，聚敛无厌，而不敢自用。或人从之求丐者，不得已而入内，取钱十，自堂而出，随步辄减，比至于外，才余半在。闭目以授乞者。寻复嘱云：‘我倾家赡君，慎勿他说，复相效而来。’老人饿死，田宅没官，货财充于内帑矣。”

这一短小的笑话，讲述了一个富人的遭遇，他抠门吝啬，最后却家财全部充公，嘲笑了剥削阶级的吝啬，颇具民间笑话机智辛辣的风格。这些笑话堪称开诙谐文字之先河，具有一定的社会意义。

至明代，幽默逐渐突破了“礼”制的牢笼和“理”学的束缚，迅速而茂盛地生长，迎来了中国幽默史上又一个黄金时期。王利器先生辑录的《历代笑话集》，其内容是颇为丰富的，由魏至清，共1850则，可以佐证时代兴趣之浓厚。而四大名著中的《西游记》《三国演义》和《水浒传》，都有令人捧腹的桥段。

到了清代，创造幽默和欣赏幽默的能力已得到了很大的发展。

清代古典文学名著《红楼梦》，本是一部悲剧，其中却也闪耀出幽默光彩的故事，如第四十回“史太君两宴大观园，金鸳鸯三宣牙牌令”中，由刘姥姥的幽默，引出了一副“群笑图”，堪称是“千古之笑”。由此可见，曹雪芹是工于幽默的。

贾家是名门望族，但是刘姥姥的到来，却让他们“开了眼”。刘姥姥的语言风格，举止言谈，完全超出了大观园内的“规范”，在大观园的姐妹们看来是极其谐趣的、滑稽的，所以会引起众人的兴趣，并博得所有人“捧腹大笑”。

辛亥革命后，“五四运动”对封建意识形态进行了彻底的清扫。这一时期，各种艺术样式都多多少少受到了西方的“渗透”和影响。散文中派生出幽默讽刺的体式“杂文”；曲艺中“笑的艺术”——相声已趋成熟；戏剧中的“喜剧”也终于成型。思想文化界也曾几次掀起了对“幽默”与“笑”的大讨论。以鲁迅、老舍、钱钟书为首的艺术大师们，使幽默艺术发展到了一个崭新的阶段。

近年来，各种幽默形式如雨后春笋般成长，幽默艺术达到了一个新的高峰。

## 幽默的十大技巧

想成为幽默的人其实并不难，有几个技巧可以供大家学习参考。

1. 大词小用

“大词小用”常能达到出其不意的效果，因为这种方法将一些语义范围较大、程度更深的词语来表达某些细小的、次要的事情，词本来和所述事物的内涵之间相差甚远，放到一块却能引出令人发笑的幽默来。

2. 嬉笑怒骂

嬉笑怒骂是一种比较戏谑的幽默，表面上看似是攻击，实际上却没有攻击力。开的玩笑适度，并且机智，富含哲理，可以拉近同谈话者的距离。

3. 歪曲解释

歪曲、荒诞的解释也可以成为幽默，歪理也能成为笑话。这种幽默法就是用轻松而带有调侃性质的态度，对问题做出随意的解释，把本来两个并没有关联的东西放在一起，塑造成一种不和谐、不合情理、出人意料的效果，在这种因果关系的错位和情感与逻辑的矛盾之中，产生幽默的技巧。

**4. 借语作桥**

“借语作桥”是指在交谈中，从对方的话语中紧紧抓住一个对自己观点有利的词语，以此为桥，用它变成打击对方的关键词。作为过渡桥梁的话语要有一个特点，那就是两头既要相通，又契合得自然，一头接本来的话头，另一头要与引出的意思相通。想要掌握“借语作桥”的技巧，可以在接过话头以后，展开丰富的联想，天马行空，脱离现实，甚至是胡说八道都可以。

**5. 推理幽默**

这种方法是借用片面的、偶然的因素，构成歪曲的推理。它主要是利用对方不成熟的前提或自己假定的前提，推理引申出某种似是而非的结论和判断。这种方式不按常理出牌，会出现偶然的、意外的结果。

**6. 反语幽默法**

反语幽默就是用相反的词语来表达本意，故意说反语，或正话反说，或反话正说，以此形成含蓄和耐人寻味的幽默意境。

**7. 指鹿为马法**

“指鹿为马”是指在幽默中，将双方已经心知肚明的问题，说成相反的结果，从而产生反差，表示另外一层真正的意思，达到幽默交流的目的。

秦始皇死后，赵高独揽大权。为了验证群臣是否会听令于自己，赵高想出了一个计谋，他献给二世一头鹿，并说："这是一匹马。"二世笑着说："丞相，这明明是鹿。你怎么把鹿当作马呢？"赵高说："不信，您可以问问大臣们。"有的大臣为了讨好赵高，也说是马；有的大臣则刚正不阿，直言是鹿。赵高就把说是鹿的大臣都暗暗记了下来，找个机会将他们治罪。从此，大臣们都畏惧赵高。

赵高的"指鹿为马"，是一种卑劣的手段，但若从交际的角度来说，"指鹿为马"能把白的说成黑的，颠三倒四，倒是一种高明的幽默艺术。

**8. 位移真义法**

正所谓"醉翁之意不在酒"。有时候，人们说的话，字面是一个意义，而心里真正想的也许还有别的意思，我们暂且称它们为表义和真义。位移真义是指抛却说话人语言的真义，只取其表义，是一种巧妙的钻空子的幽默技巧。人们总希望自己能言善辩，能够妙语连珠、幽默诙谐地和周围的同事、朋友们交谈，却又不知如何开口，不妨利用这种方法，用对方的话来为自己所用。

**9. 望文生义法**

"望文生义"法的运用十分巧妙。运用它，一是"望文"，单从字面意思来解释；二是"生义"，这个"义"虽从"望文"而来，但与"文"通常的意义已经大相径庭，造成一种强烈的不协调，从而形成幽默感。

### 10. 灵活套用法

灵活套用是指熟练运用工作和生活中的幽默范例，将它们灵活套用，根据自己所处的环境特点即兴加以发挥的幽默技巧。

在得到一些幽默的语言、轶事、故事之后，要将它们做为素材，灵活自由地套用它来说明自己的观点，解决自己面临的困境。这时，不妨大加发挥，切忌拘谨。发挥时就不再是套用，而是创造幽默了。

幽默其实并不难，下点功夫，用心积累，生活当中便可以处处幽默。十分幽默的你，也会慢慢发现周围的人变得和以前不一样了，相处时和顺活络，幽默就是有惠己悦人的神奇功效。

## 名人的幽默

纵观古今中外，善于幽默的名人不在话下。他们中有的用幽默化解了尴尬，有的则利用幽默摆脱了窘境，有的更是用幽默维护了自己的利益。

我国作家冯骥才在访问美国期间，有夫妇带着孩子前来拜访，双方交谈甚欢，冯骥才突然发现夫妇带过来的孩子居然穿着皮鞋在床上跳来跳去。如果直接说那个孩子，会令那对夫妇很不愉快。可如果不说，孩子的父母却浑然不觉。如何能化解这种尴尬，让孩子下床呢？

冯骥才轻轻松松就将问题解决了，他凭着阅历和应变的能力，幽默地对孩子的母亲说：“请让您的孩子回到地球上来吧！”主客双方会心一笑，事情得到圆满解决。

冯骥才将“地板”夸张地称为“地球”，整个意义变得大不一样。一句颇为幽默的话，便轻而易举地化解了不快。

英国作家理查德·萨维奇差点就死于一场大病，幸好遇到了一位医术高明的医生，才使他转危为安。但穷困的他却无法付清欠下的医疗费，医生只能一次又一次地登门催讨。

医生说："你应该知道，你欠我一条命，我希望得到报偿。"

"我明白。"萨维奇说，"我会用我的生命来报答您的。"然后，他给医生两卷本《理查德·萨维奇的一生》，以此作为报偿。可怜的作家并没有表示拒绝或恳求缓期付款，而是用一种诙谐的方法告诉对方，自己确实无法现在偿还。

幽默还是一种看不见的武器，可以以此来保护自己。在保护自己的同时，又可以不伤害对方，或是给对方重重一击。

我国现代著名的画家张大千就是一个很幽默的人，他的颏下留着长须，特别引人注意。一次，他与友人共饮，座中人们谈的笑话，都是关于长胡子的。张大千一直默默不语，等大家讲完后，他态度安详地也说了一个关于胡子的故事：

三国时，关羽的儿子关兴和张飞的儿子张苞都想要跟随刘备去讨伐吴国，为父报仇。他们俩都争着当先锋，却使刘备一下子犯了难。为了公平起见，他为两人出了一道题，说："不如你们各自说出自己父亲生前的功绩，谁的父亲功劳大，谁就来当先锋吧。"

张苞一听，立刻说道："我父亲当年三战吕布，喝断坝桥，夜战马超，鞭打督邮，义释严颜。"

而关兴，由于心急，再加上口吃，说了一句："我父五缕长髯……"就再也没有下文了。

这时，显圣的关羽立在云端上，本想听儿子说出自己生前的功绩，结果一听儿子只说了这句话，气得凤眼圆睁，大声骂道：“你这个不孝子，老子生前过五关斩六将之事你只字不提，却在老子的胡子上做文章！”

从此，再也没有人敢嘲笑张大千的胡子了。张大千巧妙地套用了关于胡子的幽默故事，不仅使自己摆脱了困境，还反击了友人善意的嘲弄。

名人的幽默故事还有很多，幽默的名人更是数不胜数。人们不仅记住了他们的名字、功绩，还有深入人心、令人捧腹的幽默故事。

# 第六章

# 酒席宴前，话要说得到位

**别 输 在 不 会 表 达 上**

有很多的人擅于在饭桌上口若悬河，并且还以此作为自己的骄傲。在很多时候，这种人思想敏捷，语言丰富，有时候确实能烘托饭桌上的氛围，但是，对于他们而言，这样只会带给他们朋友，而不是重要的信息。

## 情感也是投资渠道

一般人们参加宴会都是有自己目的的，而对方也总是有一定的需求，所以，你一定要想尽一切办法来满足对方的需求，因为只有这样，对方才能提供更多的源头来帮助你的事业。“源头”一多，“活水”自然就多了，以后你需要别人帮忙时就会简单得多了。

当别人有困难时，你要帮助他鼓起勇气战胜一切困难；当别人没有信心时，你要鼓励他重新燃起信心的火焰；当他感到苦恼时，你要用体贴的心来关怀他。

在宴会上，我们要时时刻刻保持一颗帮助别人的心，让别人都感觉到自己对他们的关怀，从而让别人对你产生好感与信任。像这样的感情上的投资，通常是一本万利的。

老子说：“尽力照顾别人，我自己也就更加充实；尽力给予别人，我自己反而更加丰富。”孔子也说：“以富贵而天下，何人不尊；以富贵而爱人，何人不亲。”意思是说：即使牺牲自己的富来实现他人富的人，就算想贫穷也是不可能的啊；即使牺牲自己的贵去实现他人贵的人，想贱也是不可能的事。

通常人们都会这样认为，求助于人是一种简短、平常、快捷的交易，有什么必要花那么多的心思去搞漫长的感情投资呢？这是十足的鼠目寸光。俗话说得好："平时多烧香，急时有人帮。"你只有在平时的时候多与人结交，做到未雨绸缪，这样到了关键时候才会有人帮你。

通常人们还有这种毛病，一旦感觉关系可以了，就觉得没有必要再去维护它了，往往会不在乎双方关系中的一些细节。比如该通报的信息没有通报，本该解释的情况不想去解释，总是觉得"反正我们这么铁的关系，不解释也无所谓"，结果长年累月的，就形成难以化解的大问题了。而更糟糕的情况是人们关系变得亲近之后，总是对对方提出越来越高要求，总认为别人对自己好是自己应得的。如果对方稍微有点做得不好，就会埋怨对方。像这样不尊重朋友的行为一定会破坏双方的关系。

所以，情感投资应该是马拉松式的，在人们的平常交往中不可或缺，应该从小处、细处着手，事事落在实处。

## 让你的话题成为主角

在饭桌上，有一些人总是把自己想说的意思一遍又一遍地强调，详尽得让人讨厌。每当这种情况发生的时候，你是任由对方无止境地说呢，还是立刻打断他的话，显然这两种方式都不太合适，而是应当诱导他进入你的话题。

我们来看下面的事例吧。

业务员："请问你需要的卡车大概是多大吨位的？"

顾客："这个不好说，大致两吨吧！"

业务员："依据具体情况需求，对吗？"

顾客："嗯，对，是这样。"

业务员："究竟要买哪种型号的卡车，一方面要看你运货量的多少，一方面要看行驶的路况怎么样，你说对吗？"

顾客："是的，不过……"

业务员："如果你是在丘陵地区行驶，而且那里冬季比较长，这时候汽车所承受的压力肯定比正常情况要大些，是吧？"

顾客："没错。"

业务员：“你们冬天出车比夏天多？”

顾客：“那可多多了，夏天是淡季。”

业务员：“有时候货装得太多，又是冬天，又是丘陵地区，汽车是不是经常超负荷呢？”

顾客：“对的。”

业务员：“从长远的眼光看，买什么样的车型是取决于什么原因呢？”

顾客：“你的意思是什么……”

业务员：“买一辆车值得不值得是取决于什么呢？”

顾客：“当然得看车的使用寿命了。”

业务员：“一辆车总是超负荷，另一辆车从来不超载，你觉得寿命更长的是哪个啊？”

顾客：“肯定是马力大，装货较多的啊！”

业务员：“所以，我认为你买一辆吨位为4吨的卡车可能更好。”

顾客表示同意。

这位业务员就是在很平淡的语言中，想尽办法来诱导顾客的思维跟着他的思维走，从而成功推销出自己的产品。

可以说，诱导是一种有意识的交谈，如果会话双方意见背离，肯定没有办法达到心意的相互交流。所以，当其他的说话者过于啰唆的时候，你就要积极地参与交谈，诱导说话者的思维进入你的思维，从而主导谈话的过程。

## 激将法帮你成事

激将法是用语言来刺激对方，激起对方按照自己的意向来说话做事。在生意上，与对方交谈的时候，可适当运用这种方法，来刺激对方从而让对方做出有利于自己的决策。

激将法主要有反语式激将、及彼式激将、贬低式激将三种方法。

**1. 反语式激将**

它主要是运用正话反讲，故意扭曲词意来阐述自己的观点，以激发对方发言表态，达到自己预想效果的方法。

一家中外合资企业总裁与一家乡镇企业厂长在饭桌上谈判：

厂长：“总裁先生的魄力，和我们这些乡下佬相比，简直是一个天上，一个地上啊，这么大的魄力，尽管我们都很敬佩，但我们却不敢沾这个光啊，只能收回我们的土地，并停止合作。”

总裁：“既然这样，我再让利一成”

厂长：“不行，按照投资的比例，应当是两成。”

总裁：“好吧，原则上可以……”

上面的例子中，厂长不说对方“贪图利益”，而说反语“魄力大”，又以“不敢沾光”的“哀兵”战术以退为进，激将对方并达到自己的目的。

2. 及彼式激将

及彼式激将法是以一种将心比心的手法，激发对方作换位思考，并且设身处地地为自己着想。

一位总裁想要设席来款待合作公司的部门女经理。在会议结束之后，总裁就开始询问那位女经理：“小张经理，你饿吗？”

女经理很客气地摇摇头。总裁知道对方是出于不好意思，于是他就换一种方式：

“小张经理，早上出门我没来得及吃早餐，就急急忙忙赶来见您了。现在我饿急了，不知您是否能赏脸和我一起吃个饭，一个人吃饭太无聊了啊。”

女经理听了，满意地点了点头……

3. 贬低式激将

这是通过贬低别人从而达到对方发话的目的的方法。

联谊舞会上，一位女嘉宾邀请一位中年男经理与她跳舞，对方却用“我不会跳”或“跳不好”来婉拒。于是女嘉宾就说：“哪里是不会跳，您肯定是‘妻管严’吧？怕被太太知道后要你跪搓衣板吧？”对方受到激将，于是仰头大笑，最后迈出舞步。

总之，适当的激将，能让对方进入你的思维中，从而顺利的达到自己预期的目的。

## 话得绕三圈

在饭桌上，很多人都有这么个不好的习惯，就是爱说别人的是非。其实每个人都应该知道，不能议论关于公司领导和公司的坏话，因为很有可能最后会传到领导的耳中。

其实，在职场上，每个人想问题和做事的风格都会有所不同，有时，我们难免会对领导的某些事不满，满腹牢骚。但是，千万不要对别人宣泄你心中的不满。

同时涉及公司商业秘密的事就更不能对别人说。万一被别人传出去之后，同样会给自己带来很多麻烦。所以，我们一定要管好自己的嘴巴。小尹就发生了这样尴尬的事：

小尹和小高一同进了一家公司，在工作业绩上不相上下。后来，公司因经济危机就决定裁掉一些员工，为此，公司上下人心惶惶。

小尹和小高感情要好，在一次吃饭中，小尹对小高说："哎，我现在没有工作的积极性了，因此，我只好靠打游戏来打发工作时间。"

后来，小高为了保住自己的工作，向领导告发了小尹，一天，小尹正在边工作边玩游戏，被领导抓了个正着。最后小尹就被开除了。

小林在一家外资企业上班，领导很相信他，总是将一些难度较大的事交付于他。小林感到很骄傲，而同事们也喜欢向他问这问那的。

后来，小林慢慢发现，同事们找她聊天都只是想知道关于公司的秘密。为了能与同事们和谐相处，小林就把公司的事告诉了大家。然而，小林这样的“牺牲”并没有得到他想要的结果。

一次，小林竟然听到同事在议论自己：“哼，一个连领导都背叛的人，以后，我们谁还敢接近他呢！”小林听了以后，欲哭无泪。

更糟糕的是，竟然有人将小林外传秘密的事告诉了领导。领导知道后十分生气，立即开除了小林。

所谓“祸从口出”，特别是在职场中，一定得学会管好自己的嘴，不跟别人说不该说的话。

从诸多实例中，我们都能从中有所领悟，尤其是在饭桌上，对于那些已经到了嘴边的话，一定得让它再绕上“三圈”，不然的话一旦说错了话，就会让整个宴会陷入冷场，令所有的人都尴尬不已。

## 出口成脏，让你遭殃

不管是在生活还是工作中，人们难免会受到社会中不良习惯的影响，从而“出口成脏”。例如，会经常性地说一些脏话和粗话。或许，有很多的人会说：“我一般不说粗话，但是碰上要好的朋友就会说，都是朋友嘛，不会在意这些的。”但是，真的是这样吗？

方岩从美国留学回来，想和以前的老朋友聚聚。

方岩请客吃饭那天，突然间下了雨，这时，一男一女进了饭店，男的就开始说：“方岩这小子真是的，居然选了个大雨天聚会，让我们跑这么远，他傻吧？”他旁边的那个女同学就说：“好了，不要说了吧。他请我们吃饭也是一番善意啊！”但是对方还是骂骂咧咧不断。

不久，方岩也到了这家饭店，但是那位说脏话的男同学还是闭不上自己的嘴，看到方岩也没有一句客套话，直接责怪道：“方岩，你这臭小子，去外面混得蛮好啦，你……”总之，这个人就一老脏话不断，这让方岩很不舒服。

但是，方岩因为礼貌，还是不停地道歉："真的很对不起啊，我也不知道会下雨啊，给大家添麻烦了。"那些老同学一个个都说没事，而那位男同学又开始脏话不断了："方岩，你这样说话就太见外了吧！我呢，就是这么个粗人，你千万别往心里去啊，我没有别的意思。"方岩忙说:"没事的。"

但是一直到最后那个男生始终脏不离口，所以餐桌上大家都很尴尬。也许，会有很多人觉得，朋友之间关系都很铁，说话就可以随随便便，就算是说了脏话、粗话也没有关系，但是，朋友之间也要互相尊重啊！如果像上面事例里的那个男生那样，总是脏话不断，那么总有一天，你会发现你的朋友已经寥寥无几了。

和其他的社交宴会比起来，朋友聚会会更加轻松愉快，但是，并不是说这种场合你就可以脏话连篇了，如果这样，就会让朋友们感到很尴尬。

所以，我们要在日常生活中养成比较好的语言习惯，不乱说脏话，注意礼貌用语。特别是在参加宴会的时候就要更加注意了，不能给别人留下你出口成脏的坏印象。如果不能改掉坏习惯，就会导致你社交失败。

## 少说多听有利于收集重要信息

有很多人擅于在饭桌上口若悬河，并且还以此作为自己的骄傲。这种人思想敏捷，语言丰富，有时候确实能烘托饭桌上的氛围，但是，这样只会带给他们朋友，而不是重要的信息。

其实，对于每个人来说，能力都是有限的，有的东西一定是在你能力之外的，只有学会倾听别人的谈话，才能更简单地掌握关键的信息。

1951年的一天，威尔逊带着家人驾车去华盛顿旅行。一路上，他们都住汽车旅馆，矮小、破烂、脏乱。几天后，威尔逊的母亲就很不满了："这样的旅馆糟透了。"善于思考的威尔逊听了，受到了启发，想："我为什么不建立一些旅馆呢？专门为那些旅行者提供服务。"威尔逊把将来的汽车旅馆定名为"假日酒店"。

虽然威尔逊的想法非常好，但是他资金不够。于是，他打算筹集股份，但是别人根本没弄清楚"假日酒店"的具体方案，因此也都不敢贸然入股。当威尔逊面对这种情况时并没有退缩，而是先建造一家“假日酒店”以便让那些入股的人看到清楚的模式，进而放心地入股。

就这样，卓有远见的威尔逊，面对可能失败的巨大风险，毫不犹豫地抵押了住房，而且贷款了30万美元。第二年，第一座“假日酒店”便出现在孟菲斯市夏日大街上。五年过去了，威尔逊将“假日酒店”发展到了全球。

因此我们可以得出结论：如果想要成功，光靠胆量和勇气是不够的，还要善于倾听对方说话，这时要注意六大原则。

（1）称赞说话的人，创造出良好的氛围，进而想办法对说话的人赞扬一番。

（2）全身心倾听对方说话，注意在倾听的时候，用柔和的目光注视对方，同时坐势和手势也要符合规矩。

（3）用实际行动作为说话者问题的回答。

（4）不能躲避交谈责任，不管在哪种情况下，你困惑对方说话的意义时，可以让对方知道。

（5）不光要去理解对方的语言，还要理解其寄予的情感。

（6）仔细观察说话者脸上的表情。

总之，如果想获取更多有用的信息，必须要多听少说。

## 成为饭桌上的开心果

不知道你会不会想起在餐桌上的那些趣事，它们给我们带来快乐，同时也为餐桌增添了趣味，因为幽默是沟通的法宝。

幽默是人生的智慧，体现着积极的处世方法和旷达的态度。幽默是社会活动的必要，擅长说话的人都知道怎样使用幽默的语言。同时幽默的人往往能获得别人的好感，获得更多人的认同。

一位绅士在餐馆吃饭，却看到菜汤里有苍蝇。他喊来侍者，讥讽道："请问，它在我的汤里干嘛？"侍者看了半天，答道："先生，它在游泳！"顾客被逗得哈哈大笑。不管侍者怎样解释，都要受到批评，甚至会使顾客很生气。但是，幽默帮了他，让他脱离困境，并使气氛缓和。

一次，一个顾客进入一家有名的餐厅，点了一只油氽龙虾。他注意到龙虾的一只虾螯没有了。他便叫来侍者，侍者叫来老板。老板说："不好意思，龙虾是残忍的动物。你的龙虾有可能是在打架的时候打输了，那个螯被打掉了。"顾客也巧妙地说："那请换一下，将那只打赢的给我。"

顾客不仅没有批评他人，伤到他人自尊，维护了餐馆的名誉，也保障了自己的利益。

韩露有一次负责公司的接待工作，一进餐馆，发现都是不认识的人。聊了会，才知道这桌以前都是老朋友，有的是教授，有的是工程师等。饭桌上经常传出一阵阵笑声，大家都放下身份，快乐地聊着。一个工程师，说到感触颇多的地方，打了个很有趣的的手势，示意安静，说起刚参加工作时，分配到坑口生产班当班长，接电话，做井下作业，有时还得去现场，上来时就全湿透了，换套工作服就吃保健餐，工友很有礼貌，见面都会打招呼“辛苦了！”一天，休息室门口突然挂了个鸟笼，里面是只受伤的鹦鹉，还会说些日常话，班长刚好下井上到地面，听见的声音就是：“老韩，辛苦了，保健餐已打好，吃吧！”班长也没注意是谁，应了一声：“好，就去！”话还没说完，一群人捂着嘴咯咯地笑，事后，他才知道，其实那句话是鹦鹉发出来的，这事一直让工友们当作茶前饭后的笑话。

大伙聊得开心，韩露虽是第一次与大家见面，但是却被那些幽默的话逗乐，气氛很快就变得融洽了。

## 交谈发问有技巧

在宴会上，和人交谈的时候，掌握问问题的诀窍，并且恰到好处地提问，就能弄清楚说话人的本意，从而使交谈进行下去。

开始的时候，应该让对方回答一些比较简单的问题，然后慢慢地提一些不能用“是”或“不是”来简单回答的问题，比如：“你喜欢什么？”“你喜欢的原因是什么？”之类的，来探明对方的目的。

有一位心理专家具有很好的口碑，许多人都坦诚地和他交谈。他的独门绝招就是通过问别人问题来了解对方的一些真实的想法。就算在交谈中，对方说出一些很奇怪的话，他也可以来反问对方，并且从对方的回答中来探明对方真实的意思。

一次，一妇女在宴会中碰到了这位心理专家，于是就谈起她的丈夫常常夜归的问题。一开始，这位妇女就说了很多她丈夫夜归是因为有外遇的理由，随后，她突然就冒了一句：“为什么男人就可以这样，女人却不可以这样……”这位心理专家马上就反问道：“‘只有男人’这是什么意思？”坦白求教的问话，最能讨得别人的欢心了。

问话的方式有很多，所以成效各有不同。高明的问法会使人心情愉快，而愚蠢的问题则会引起对方的不爽。

就像你问一个女人：“你喜欢男人吗?”真的是一个蠢到极点的问题。“这蛋糕是新鲜的吗？”这是很多人曾经问食品店店主的问题，其实，这不亚于上面那个愚蠢的问题。这种问话不但得不到正确的答案，还会让别人觉得你很好笑。

一般在日常的沟通中，语气温和是非常重要的，并且态度要谦恭。有些问话不可以先加入自己的主观因素，与其问“你很讨厌他吗”或“你很喜欢他吗”，不如问“你对他印象怎样”。但有的时候也可适当地先入为主，用自己的观点主导别人的思维，例如对一个40岁的女人你问“你今年30了吧？”这比“你今年芳龄多少”好得多。

问话的诀窍有很多，但是要懂得因人、因地、因事来灵活处理，在宴会上，我们一定要仔细想清楚后再发问，并且一定得尽力问出对方的本意来。

# 第七章

# 面试不难，要说到考官心坎儿里

别 输 在 不 会 表 达 上

面试这一关，大多数人迟早都要面对。与其躲避，不如用心面对。要在面试当中脱颖而出，你可以依靠很多办法，而最能打动面试官的，就是你的口才，你的表现。想打一场漂亮的胜仗，就不能不做准备。多花些心思，多进行准备，你会发现，想征服面试官并不是难事。

## 莫让自我介绍失了身份

若想成为职场中的佼佼者，拥有良好的交际口才，是不可缺少的。

几乎任何求职者走进职场之前都必须要经历一个重要环节，那就是面试。面试的开始，基本上都是开场白，这决定了主考人对你的初步印象。面试的基调就取决开场白说得好不好。

首先，进门应该面带微笑，不需要噼里啪啦讲一堆话，但是一定要有礼貌地打招呼，问候一声“您好”就足够了，要有底气，声音洪亮，不需要察言观色，见风使舵，但是要尽可能显得笃定从容，落落大方，不要过分随意，侃侃而谈，也不要有紧张情绪，拘谨不自然。

接下来就是自我介绍的时间了，千万不要小瞧这个自我介绍环节，这是面试中很关键的一步，它将在很大程度上决定你在考官心里的印象。一次得体的自我介绍，将使你在接下来的面试中如顺水推舟般无往不利，从而赢得最终的工作机会。

例如，在一次激烈的求职竞争中，李芳以一段精彩的自我介绍为开场白，最终赢得职位。当面试官“请介绍一下你自己！”刚说出口，李芳便娓娓道来：

“尊敬的各位考官，你们好，很荣幸能够通过选拔参加贵公司的面试。我叫李芳，今年24岁。于2011年6月毕业于××大学。

半个月前，本着对写作的爱好和为梦想的驱动，我深深地被这座充满了文化气息的城市所吸引，正巧看到了贵公司正在招聘记者，便满怀希望地投递了简历，希望可以得到这份梦寐以求的工作。

我自幼爱好文学，文笔也相当不错。自中学开始，就曾经在一些期刊上发表了一些散文。大学时，出版了第一本长篇小说，并且得到了读者们的认可。今天，我带来了部分作品，各位领导可以直观地了解我的写作能力。

在经验方面，我和竞争对手们比，可能不占优势，但是我相信，当一个人能够将自己的职业当成一种爱好时，才能够全力以赴满怀激情地努力工作。而我正是怀着这样的希望来应聘贵公司的记者职位的。假如我有幸和大家成为同事，我将更加努力提高自己的水平，绝不辜负领导的信任。”

结果，李芳毫无疑问地成为了该公司的员工。由于之前彼此之间并不熟悉，自我介绍就是第一次与领导见面，因此，它是最好的表现自己和展示才能的机会。

## 勇敢把话说出口

害怕当众讲话，没有谁会是例外。在卡耐基的成人演讲训练班里，经调查发现80%～90%的学员在上课之初会对上台感到恐惧。许多职业演讲者承认，他们从来没有完全消除登台的紧张情绪。害怕会从演讲发言之前一直持续着。

不管是性格内向、不爱说话的人，还是天生健谈、能言善辩的人，在当众说话前后或说话过程中都会或大或小产生紧张、惧怕的心理，这样说，一点也不夸张。虽然我们看到电视机和收音机里的主持人和播音员潇洒大方、口若悬河地讲话时，我们无不佩服得五体投地，但是你是否能想象，他们那应付自如的外表下面，也常常会有怯场的心理。

谁能想到，古今中外有许多政治家和演说家，都曾有过怯场的经历。就拿英国首相丘吉尔来说，他就曾在演讲台上紧张不已，甚至连一句话都说不出来，直到被台下的人轰了下去。但是他并没有因为这次不愉快的经历就变得消沉，而是勇敢地面对现实，为克服恐惧心理，他勤学多练，每一次讲话机会都不放过，演讲的水平日益提高。后来，他的就职演讲被誉为最精彩的就职演讲之一。

在生活中，每个人都会误认为说话怯场只有在自己身上才有可能发生，人们总会想，如果我能像别人一样口若悬河该多好。其实，怯场是一件很普遍的事，在任何人身上都有可能发生。人们需要做的只是清醒一下自己的头脑，使自己镇定下来，正确看待自己胆怯的心理。

当我们怯场的时候，不妨仔细想想，自己的语言是否真的值得被人取笑，还是因为自己缺乏自信呢？你甚至可以这样想，当你的一句话被一个人取笑时，并不代表你的所有话被所有人取笑，即使是被人取笑了，那也只是一件小事而已，在任何人身上都有可能发生，纵观古今中外，多少政治家、演说家都有过紧张的情况，何况是自己呢？

如果当你真正地把这些问题梳理清楚了，那你就不会因为担心丢脸而怯场，也不用再羡慕那些表达自如的人了。

## 敏感问题中方显大智慧

企业在招聘时，为了找到更适合招聘职位的人，有时会提出一些敏感刁钻的问题，考验面试者如何处理突发问题。遇到这样的情况，面试者多少会感到紧张或担忧，其实大可不必这样，只要你学会了回答这些问题的方法，那么这些问题都会不攻而破了。

很多用人单位在招聘时都希望录用有经验的人才，这非常不利于打算转行或者刚刚走出校门的人。如何解决没有工作经验的问题，就成了最常见的“敏感问题”之一。

小蔡大学学的专业是计算机，然而，活泼开朗的小蔡，一想到以后一直要和电脑打交道，就觉得很无聊。比起电脑，她更喜欢跟人打交道，所以在大学时就是班里各种文体活动的积极分子。于是，毕业后，她决心要找一份其他行业的工作。

在一次招聘会上，小蔡看到有家公司在招市场部人员，主要负责公关事务，虽然招聘启事上写明要“至少一年以上的相关经验”，但小蔡还是决定去试试。

招聘人员看过小蔡的简历后，直接回绝她说："不好意思，蔡小姐，你的专业与我们招聘的岗位不是很相符，而且你一点经验都没有，并不符合我们招聘的要求。"

"虽然我没有工作经验，但是，我相信自己在这个职位上有独特的优势。"小蔡急忙替自己争取机会。

"那你说说自己的优势在哪里吧？也许我们可以考虑考虑。"招聘人员好奇地问道。

小蔡想了一下回答说："老实说，我之前对这个职业并没有深入的了解。但是我对这个工作很有兴趣，我认为自己的个性也很适合，因为我很喜欢唱歌、跳舞、与人打交道。还有，最重要的是我愿意学习，有愿意踏实地从头学起的心态。我觉得这个对于干好一份工作来讲很重要，只要给我机会，我相信自己会做好。"

最后，招聘人员留下了她的简历，并让她进入了三个月的试用期。在试用期期间，小蔡把全部心思都用在提升业务技能上，向同事请教，利用休息时间看有关工作的书籍，抓紧时间充电。三个月后，她成了公司的正式员工。

和大多数应届毕业生一样，小蔡也没有工作经验，但她却最终说服招聘者，成功赢得职位。可以说，正是应聘时的坦诚、勇气以及恰当的自我评价帮了她的忙。

## 巧妙应对面试官的迷惑性问题

当你在面试时，常常会遇到面试官向你提出的很多模棱两可的问题，往往让人不知道该如何作答。事实上，很多时候面试官提出的这些问题都并非出自他们的本意，只是想试探你在面对突发情况时会做出什么样的反应，所以假如你遇到了这样的问题，一定不要掉以轻心啊！

张雷去一家很不错的公司面试，他凭借着自己的实力通过了笔试和第一次面试，今天是最后一次面试，他与面试官礼貌地打了招呼，坐在了面试官的对面，等待着提问。没想到面试官突然问道："经过了这两次的面试，我们认为你并不适合在我们单位工作，所以决定不录用你，你认为自己的哪些不足让你失去了这个工作机会呢？"张雷听完了虽然也有点吃惊，但表现得很镇定，他回答道："我认为面试向来都是5分靠实力，5分靠运气。我们不能仅仅凭借一次或者两次的会面和谈话就对一个人的才能、品格做到充分了解和认识。所以失去了这次的工作机会我并不会悲伤或者难过，因为我通过这次的面试，学到了很多东西，同时还让我发现了自己更多的不足之处，比如临场经验不足，当然知识储备也有欠缺。希望以后我还能有机会向各位面试官讨教。我一定好好地总结经验和教训，加强学习，弥补自身的不足，避免在今后的工作中出现类似的问题。另外，即便我失去了这次工作机会，也非常感谢各位考官对我的不足做出指正，让我能够有机会重新认识自己，我一定会更加努力，提升自己的能力，以适应不同岗位的要求。”

面试官对张雷的回答很满意，最终通过了张雷的工作申请。

其实，面试官在问这个问题的时候并不是真的对你不满意，而是想对你的应急反应做出考察。如果他们真的认为你不合适的话，早就通知你不用来了，根本不可能继续问你问题。因此，当你遇到这种情况的时候，一定不要惊慌，要沉着应对，不要中了对方的圈套而暴露自己的弱点。回答时要注意将重点放在弥补自己的弱点上，这样就会让对方感觉到你积极进取的品质。另外，如果你能够诚恳地向考官进行讨教，或许更能博得他们的好感。

## 把自己推出两难境地

我们在面试的过程中，常常会遇到很多面试官提出一些莫名其妙的问题，让你答是也不行，答不是也不好，这就让自己陷入了两难的境地。假如你只是强调一方面的话，很难保证自己能够顺利通过面试，这时如果你能想到一种折中的回答方式最好，在两者兼顾的基础上强调偏重的一方，这样就避免了自己的片面性。

在一次公司招聘面试中，一名面试官对应聘者提出了一个奇怪的问题："请问，假如公司要是需要你做一些琐碎的工作，那你是喜欢还是讨厌呢？为什么会有这样的感觉呢？"这就是个两难的问题，假如你回答喜欢，面试官就会认为你虚假做作，因为每一个有志青年，都向往着有机会成就一番事业，不喜欢做这些琐碎的工作。所以你要是回答是的话，自然说出的就是假话。没有哪一个老板喜欢虚伪的人，所以很显然，回答喜欢是一个不明智的选择。若说讨厌，似乎每份工作都有琐碎之处。因此，这就足以说明你缺乏耐心，而一个没有耐心的人，怎么可能把工作做好呢。所以，讨厌更是一个禁忌答案。

面试者小梁也没有想到面试官会提出这种让人进退两难的问题，于是他在思考过后说："绝大多数工作岗位的工作都有琐碎的地方，所以无论做什么工作，都要具备足够的耐心。假如我的工作中需要我去做一些琐碎的事情，那么我会认真、耐心、细致地把它做好。而且，我刚到一个新单位，对单位的情况还不十分了解，通过做这些琐碎的小事，可以尽快熟悉工作环境和工作流程，帮助我尽快进入角色。这样才能得到领导和同事的信任，才有机会做大事啊。"

面试者小梁的回答就很得体，他并没有正面回答是或者否，而是从大的方向综合考虑，既表现了自己耐心、细致的工作态度，又讲明了自己想要做大事的愿望，这样的员工有哪一个老板不喜欢呢。所以当我们面对这样的问题时，也要学会避实就虚的方法，从多角度分析回答。

## 巧妙掩饰自己的缺点

在面试过程中，面试官往往会不可避免地提出面试者的缺点，尤其是女性。很多面试者面对这样的情况就会闪烁其词或强词夺理，甚至还会极力反击。其实这就是面试的一个禁忌，甚至会成为你面试中的一大危机。不要忘了，你只是一个候选人而已，振振有词地将面试官驳倒，只会让你误入过分自信的陷阱，最后留给面试官的印象就是“狂妄自大”。

我们不得不承认，这样的情况在面试中常常遇到，到底如何做才能化解面试中遇到的这些“缺点”呢?

最好的办法就是你足够坦诚，不要害怕承认。人都不是完美的，每个人都有自己的缺点，所以不必为自己的缺点找理由，重要的是你能够说服对方在感情上认同你，并且赞成你对待自身缺点的态度。

一些聪明的应试者对于面试官指出的缺点，既不掩饰回避也不会直截了当地承认，而是很自然地联系到年轻人的共同弱点上，比如缺乏实践经验、社会阅历较浅等；然后再谈到自身，同时结合本专业的发展趋势，真诚地表示虽然自己也有这样或者那样的缺点，但自己有信心也有能力在今后的学习中不断改进，争取在工作中做到做好等。还有的面试者会就着这样的问题与面试官聊天，拉近彼此的距离，比如讲讲自己正在克服和能够改正的弱点，谈谈自己的理想与现实的差距，讲那些表面是缺点但对某项工作来说却有益而无害的个性，这样就会让面试官感觉到你的真诚和坦率，他自然就会在心理上消除对你的偏见，为你留下成功的机会。其实这样的做法就相当于当事人说“我很丑可是我很温柔”“我很笨，但是我更忠于职守”等等。不仅体现出了面试者谦逊好学的美德，同时还就面试官的问题给出了满意的答案。

要知道每个人都有缺点，对于缺点和虚伪来说，有缺点并不可怕，可怕的是不敢承认它，更不敢去改正它，反而强词夺理、振振有词。这样的人很容易让人产生一种虚假的感觉，让别人自然地生出一种防备之心。所以，当你遇到了这样的问题，最好的解决办法就是坦然面对，同时表现出你改正缺点的决心，让面试官感受到你的真诚，将危机化于无形之中。

## 不要随意谈论前老板

“你能简单说一下离开原单位的原因吗？”有过面试经历的人大多都遇到过这类问题，为什么这个问题频繁地在面试过程中被问及呢？因为面试官想通过你的回答从中获得更多有关你的信息。因此，求职者千万不要对这个看似简单的问题掉以轻心。像那些普遍性的原因，比如“大锅饭”阻碍了自身发展、上班路途太远或专业不对口等人们都能够理解的原因，可以如实道来。而当面试官问你对原上司的看法，或者是否由于你与上司不合才导致你离开公司等问题时，你的回答一定要谨慎小心，否则，很可能会让你的面试陷入僵局中。

那么如何回答才不至于让自己陷入困境呢？假如面试官的这一问题确实是你离开原公司的原因，你又应该如何作答呢？

其实，不管你离开公司的原因是否与自己的前任老板有关系，你都不能在面试官面前妄加评论。这是最基本的一点，要知道坐在你面前的这个人很可能会成为你的新一任老板，假如你在他的面前讲前任老板的坏话，他的心里就会想你以后会如何评价他。而且一个人要想在社会中生存，就得学会与各色各样的人打交道，对你的上司过分挑剔只能说明你缺乏社会适应性。

其实面试官的心里都知道绝大部分人离职的原因都是因为讨厌上司，就是他们自己很可能也因为这个原因换过好几份工作了。但即便是这样，也没有多少雇主喜欢听这样的话。

刘婷是一位工作经验很丰富，工作能力也很强的女秘书。当她去一家新公司面试的时候，她的招聘经理问道："小姐，你人长得很漂亮，学历和办事能力都毋庸置疑，难道你原来的上司不喜欢你吗？"刘婷自然懂得面试者话中的意思，便微笑着回答："正是因为这个原因我才选择离开原来的公司。我宁愿老板事多累下人，也不希望他们'情多累美人'。我想换一个工作环境，作为您的助理，应该会省去许多不必要的累，让我全身心地投入到工作中去。"

刘婷的回答很巧妙，她并没有直接说原来的老板多么不好，但一句"情多累美人"让很多人心生怜爱，不得不佩服这个小姑娘的智慧。

所以说当我们遇到这样的问题时，一定不要随意作答，更不能对你的老板做过多的评论，因为言多必失，你最好找到一个巧妙的办法，能够让自己避开这个问题。

# 第八章
# 谈判中主动就是先机，快人一步胜券在握

## 别 输 在 不 会 表 达 上

在谈判中，若想不落入被动挨打的局面，就要取得先机，争取主动权。俗话说：“先下手为强，后下手遭殃。”如果你能先开口，狠狠咬住对方的弱点，那对方肯定会被你制服，再多的反抗也是无用的。只要你掌握了先机，快人一步抢得话语权，还怕对方不肯乖乖就范吗？

## 退的目的就是进

在生活中，我们不可避免会因为一些小事而与别人意见不合，在这种时候，在好胜心的驱使下，我们往往会头脑发热，不顾一切地想要对方与自己达成统一。

相传，宰相张英老家的邻居在盖房子时，占了张英家三尺地基。张家人当然不干，自家的老爷可是在京城里当大官的人，怎么能平白无故吃这个亏呢？便马上修书一封到京城，请求宰相张英来主持公道，张英看完书信后，只回了一首诗：千里家书只为墙，让他三尺又何妨；万里长城今犹在，不见当年秦始皇。家人收到书信后，本来还想去找邻居算账，结果全都羞愧不已，他们按照相爷的意思，主动退让了三尺，邻居见相爷家人有这样宽广的胸怀，也退让了三尺。此事不仅有了圆满结局，也被传为佳话。

张英早已经作古，但是他的做法，真可谓是一箭双雕。既彰显了自己容人的大度，又使自己因此而得名。如果他非要计较，和邻居一较高下，恐怕也不会有这样的佳话了。

喜欢在口舌上争上风者，多数是以自我为中心的人。在人际交往中，以自我为中心的人最大的特点是：我是太阳，世间万物都要以我为焦点。这类人的典型表现为：我的意志高于一切，别人都要听从于我。他们总是自以为是，为所欲为，对别人却不管不顾，强人所难，忽视他人的内心感受。

而聪明的人不会和别人硬碰硬，不玩无益处的争辩游戏，而是善于运用理智的说服。假如在任何场合中，都只感觉到自己的存在，忽略别人，或者根本就视而不见，那不可能与他人建立一种良好的社会关系。

不争，是一种处世哲学。在闲谈中，难免会有人问："你如何看待？"每个人都会各抒己见，这时没有必要非要讨论个脸红脖子粗。特别是对于一些无关利益的小事，何必让自己为了口舌之利而得不偿失呢？对此，有三种回答适用于任何话题，而且不会引起异议："那完全要看情况而定。""不能一概而论。""在某些地方，情况会受环境因素影响。"

为了逞一时的口舌之快，说话不委婉，甚至出言相逼则会带来很糟糕的后果。不但会影响别人对我们的看法，而且会令人感到非常气愤，不仅不会佩服我们的交际水平，反而会想着要如何去反击、报复。所以，当与别人产生争执时，不要直接冲撞，不必非要赢得争论，做到待人接物都要圆熟。林语堂先生曾把中国人性格的最高境界归结为圆熟，换句话说，只有圆熟的人才能活得如鱼得水、左右逢源。

## 拒绝不是简单的说不

做生意的过程中，往往需要谈判。这个阶段，可以说是一个谈判双方斗智斗勇的过程，这个过程中充满了拒绝和让步。此时，一定要顾全大局，话要说得巧妙，不然可能使谈判陷入无法挽回的僵局中。

高明的谈判者懂得审时度势，采用委婉的拒绝方法，给谈判双方都留有退路。

小苏被公司外派，同一家知名的大公司谈判合作的相关事宜。对方以小苏公司的产品知名度不够为由，要求降低价格，小苏说："正如您说的，我们的品牌不是很知名，这是因为我们将大部分经费都用在产品的研发上，而不是打广告上。所以，我们能够生产出式样新颖时尚、优质的产品，面市以来产品一直销售得很好，在有些地方还出现了脱销的现象，对于市场前景如此理想的产品，您还怕销售有问题吗？"

鉴于对方担心小苏公司产品的质量，小苏幽默地说："曾经有个笑话，讲的是为了保证美国军方所购买的降落伞不出现质量问题，降落伞厂家让生产者以身试伞，最终伞再也没有出现过问题。如果我们的产品质量不过硬，到头来损失得最严重的也必将是我们。”小苏用一个幽默的方式转移了对方的注意力，又可以表明自己的诚意。

小苏所说的内容，表面上看都是围绕产品的质量，实际上却在暗示对方：“我们的产品是以质量取胜，不可能再降低价格了。”他这样一说，对方的谈判代表松了口，表示再考虑考虑。如果小苏坚决地回答对方说：“不行，我们绝对不可能降价，你们看着办。”估计谈判就到此为止了。

在谈判中，当对方提出无理的要求，而自身很难满足对方要求时，可以说：“我们将尽快给你们答复。”“我们再考虑一下。”这样的语言极具灵活性，可使自己避免盲目做出反应而陷入被动局面，也给了对方一个心理的缓冲，让接下来的拒绝显得不那么突兀。

要明白，谈判的目的，是获得利益，拒绝只是一种手段，拒绝的语言千万不可太过生硬，以免陷入僵局。此外，还有许多拒绝的技巧，但无论使用哪种拒绝方式都要明白，拒绝本身是一种手段而不是目的。记住了这一点，拒绝的语言就不会太过生硬了。

## 亮出优势占先机

有过谈判经历的人都知道，如果你能够在条件或者地位等方面首先占得优势，那么这对谈判的结果往往能起到决定性作用。但是，谈判是一个动态系统，各项条件都会发生变化。当我们处于不利的情况时，如何做才能改变自己的立场，把不利的形势转化成优势呢？

假如谈判的双方确实在客观条件上存在差距，那我们能够改变的就是自己在谈判时的表达方式。只有这样你才能保证自己能够在某些方面战胜对方，取得谈判的优势。其实，在很多时候，谈判者的心里素质和说话技巧要比客观条件更具影响力和说服力。

如果一个人的谈判仅仅停留在客观条件上，那我们就不需要研究什么技巧了。作为谈判人员，应该在心理上给对方造成压力，同时改变对方的立场，尤其是在商业谈判中，只要你说出的话能让对方在心理上认同你的观点，那么这笔交易就做成了，所以无论你是买方还是卖方，在具备了一定的优势条件下，多加入一些谈判的技巧，或许就能占得先机了。

在谈判桌上，往往都是虚实相交、真假难辨的，你掌握的信息时刻都在产生变化，对方会用尽各种办法让你相信他们比你更有优势。最常使用并且效果最佳的方法就是拿竞争对手来压你，他们会在事前对竞争者进行充分的调查，谈判时突然拿出数十张数据资料，并在言语上时刻提醒你，这样的谈判方式往往会让很多缺乏经验的谈判者立刻感到手足无措，顷刻间就将自己原本的优势丢掉，陷入对方为其设置的圈套之中，这一招在谈判桌上可谓是屡试不爽。

只要你记住，既然有谈判的必要，就说明双方有达成合作的意向，能够做到各取所需。只不过在细节上需要协商，这时候你就要坚定自己的立场，在客观条件的基础上运用一定的语言技巧占得优势，以达成目的。

## 有的放矢的谈判技巧

有的放矢是谈判语言中表达针对性原则的一种实际应用。但需要注意的是面对不同的谈判对象，谈判者要学会变通，灵活地运用这一谈判技巧，这样才不会给人纸上谈兵的感觉。要知道谈判语言的表达方法与技巧更需要人们在谈判实践中进一步去总结、思考、提高。

就像话剧《陈毅市长》中陈毅与国民党的上海代理市长、化学家齐仰之的谈判片段一样。在剧中齐仰之因被国民党搞得心灰意冷，闭门谢客，同时还对外规定了“闲谈不得超过三分钟”的禁令。但我们都知道，齐仰之在化学方面颇有见解，是一个不可多得的人才，所以陈毅为了动员他参加新中国建设，亲自登门拜访。

陈毅：“齐仰之先生，您虽是海内外闻名的化学家，可是对有一门化学，齐先生也许一窍不通！”这一句话就引起了齐仰之的兴趣，对于他来说，化学再熟悉不过，因此自己首先解除了禁令，要对陈毅所说的“化学”一探究竟。

当陈毅向他说明了共产党的“化学”之后，齐仰之则表现出了无所谓的态度。陈毅并没有灰心，而是以民族大义动之以情、晓之以理，陈毅知道齐仰之先生的爱国热情绝不比任何一个人少，造成如今局面只不过是不满国民党的政策而已。于是紧接着便从社会的腐败谈起，引起齐仰之的共鸣，再向其介绍共产党是从民族的利益出发，要振兴中国的医药工业。而这一事业每一个中国人都有义务参加，齐仰之也不例外。这一点正好符合了齐仰之的爱国热情，自然就能在心理上引起共鸣，最终同意了陈毅的请求。

这场谈判之所以能够取得成功，一是在于陈毅针对齐仰之的职业特点，以“化学”为话题作为突破口，让齐先生首先自行取消“禁令”；二是陈毅针对齐先生作为传统文人的身份和一生中一再碰壁的经历，在谈论的用词上小心谨慎。这种有的放矢的语言表达技巧，终于使原本拒不见客、心灰意冷的老化学家重新燃起已冷却多年的事业心，投身到新中国建设事业的行列中来。

## 不可不打破的僵局

谈判中当谈判双方各执己见、互不让步的时候，有时会出现尴尬的僵局。谈判者代表着一个公司，一个组织，甚至是一个国家，这决定了他们为了所代表的利益坚决不能动摇自己的立场，否则如果经常变化立场，改变态度，往往会给另一方以软弱、没有实力的感觉。所以，谈判者即使需要让步，也要在不失面子的前提下进行。

甲乙两家公司就合作而进行了谈判，可是因为产品的进货费用等问题而僵持不下，谈判一下子陷入了僵局。

双方代表都声称，对方的报价已经超过了自己的底线。谁都不肯让步，可是又都明白，机会难得，如果谈判决裂，自己根本没办法向上级交差。

在这种情况下，甲公司的业务代表余辉果断请示上级领导，允许给予对方一些适当的补偿做为让步，向对方提供信息或质量保障等服务。他在晚上用完晚餐后，拉着乙公司的代表来到了一家环境优雅而安静的咖啡厅里。听着舒缓的音乐，他对乙公司的代表说道："兄弟，这几天咱们都弄得脸红脖子粗的，其实大家何必鱼死网破呢？我们的价位确实比同类的产品低很多，实在是不能再降了。不过我们可以将维修期延长半年，这样也是对产品质量的保障。你也再和你们老板谈谈吧。促成合作，对咱们都很有利。"对方说道："其实这样真挺折磨人的。谁不希望签个大单子。可是你们要是不松口，我真就交不了差。"余辉想了想说："我们不是不能降价，换种材料我们就能把价格减低20%，你问问你们领导，这样的话他还敢不敢做？肯定没戏，出了事，谁能负责？"对方想了想，说；"好吧，我再请示一下。"

第二天，对方答应了余辉公司的报价。

如果谈判实在无法继续下去，不妨将正式谈判转换为非正式谈判，改变一下谈判的环境和气氛，如打打保龄球、高尔夫球，举行一下宴会、酒会，在这样的场合下再进行谈判，成功率会提高很多。

当双方在某一问题上僵持住时，可以将问题暂且放下，先解决其他容易谈成的问题。当一些方面得到解决后，双方在信心、态度等方面都得到了缓解，谈判也就变得简单多了。例如，双方在价格条款上僵持住了，可以把这个问题暂时放下，转而就双方易于沟通的其他问题交换意见。当对方在付款方式、技术等方面得到了优惠，再回到价格条款上来讨论时，由于双方已经从态度、方法上都发生了根本性的转变，谈判中商量的气氛也就浓厚起来，僵局自然能够化解。

# 第九章

# 交友语言要注意，让嘴有个把门的

别 输 在 不 会 表 达 上

俗话说：“人心隔肚皮。”无话不谈的朋友确实可以交，值得信任的人也大有人在，但是也不能不有所保留。多说可能无益，甚至还有可能在别人那里落下话柄。说得对，皆大欢喜，没有毛病；但若说错，伤了和气，得罪了人，还会失去人心。

## 做绿叶是力气活儿

苏格拉底曾经再三地告诫他的门徒：“你最应该知道的，就是你一无所知。”

出于好胜心，人人都希望自己优于别人，和朋友相处时，时常让朋友意识到他的优秀，这样既表达了自己的谦虚，又能发展良好的交际关系，两全其美的事情，何乐而不为呢？

法国哲学家罗西法古曾经说过：“如果你想多一个仇人，那你就要表现得比你的朋友优越；如果你要得到一个朋友，就要让你的朋友表现得比你优越。”

为什么这句话会成为真理？因为当我们的朋友表现的更优越时，他们就会觉得自己是一个重要人物，反之，他们则会觉得自卑，甚至会产生羡慕或嫉妒的情绪。

亨利是伦敦市中区人事局里人缘最好的员工，但是在过去，他在同事中一个朋友都没有，是什么使这一切发生了变化呢？这个答案在后来他与拿破仑·希尔的谈话中提到过：“以前我曾经以我的工作为骄傲，每天的谈话中都在吹嘘着自己这方面、那方面的成就，但是我的同事显然并不把这些当作骄傲，而且对此表现得很反感。我很希望和所有人都成为朋友，所以我开始少谈多听，认真地听大家讲述他们工作中的成就，这使我更加兴奋。现在我们聊天的话题，大多数都是分享他们的欢乐，我的成就则变成了次要内容。”

没有人喜欢当绿叶，人人都想当红花，可是如果你太过耀眼，挡住了别人的光芒，就小心所有的绿叶都离开你，让你成为光杆司令。

小红在单位里平时默默无闻，但是同事对她的印象都不错。平时谁要借办公用具，小红都会主动送上；谁要是发传真，但临时又有了别的事情，小红就主动帮忙；给老板擦擦桌子，刷刷杯子。这些不值一提的小事儿，在小红眼里都变成了大事。她能急人之所需，小红不是红花但胜似红花。因为在许多事上，她能保持中立，所以在公司也有不少知心朋友。

红花还需绿叶扶。因此，我们要习惯轻视自己的成就，始终保持谦虚，这样才会被大家喜欢。要证明你比别人聪明，最好的办法就是告诉他，你其实比我优秀。

## 做朋友说话要真诚

做朋友最重要的一点就是彼此真诚相待。因为朋友之间不需要华丽的装饰，朋友是一种最纯真的友谊，它远离物质与利益的牵绊，那朋友是靠什么来维系关系呢？真心和诚意就是朋友最宝贵的东西，只有真心相待才能取得别人的信任，获得朋友的真心。

那真诚到底怎样才能表现出来呢？它又不是物质，不能用多少来表示，更不可能称重，要怎样才能让朋友知道你是真诚的呢？其实很简单，朋友之间最重要的沟通方式就是交流。只有话语才能表达你最真实的想法，因此与朋友说话一定要真诚，不要掺杂任何虚情假意和做作。

谚语说："真诚贵于珠宝，信实乃人民之珍。"说话真诚的人，一定能够得到别人的信任，收获别人的真心相待，最终拥有最纯真的友谊。

北宋著名词人晏殊就是一个说话真诚的人，这样的性格特点从小就已经养成。在他14岁的时候去参加殿试，宋真宗亲自为他出了一道题。晏殊恭敬地接过试题，看过之后不禁皱起了眉头，对宋真宗说道："皇上，这道题10天以前我就做过了，而且草稿还在我身上，皇上请看。"说完就拿出了自己的草稿。宋真宗接过来一看，果然是一样的题目，他不禁被晏殊的真诚打动，要知道一样的题目，做起来更是得心应手，但晏殊却毫不隐瞒，要求重新出题。宋真宗认为这样的人能成为国家的人才，因为他拥有最可贵的品质。最终赐给他"同进士出身"。

从此之后，宋真宗对晏殊很是器重，甚至与他做了朋友，两个人经常在一起谈论时事政治，晏殊毫无保留地发表自己的看法和见解。有时候也会指出宋真宗的某些错误，但宋真宗几乎没有怪罪过他，因为两个人都被对方的真诚打动，彼此之间非常信任。

由此可见，真诚对于朋友来说真的很重要。若不真诚相待，互相存在欺骗、愚弄，一定会让彼此的友谊蒙上杂质，最终很可能会破坏了双方的感情。

## 放弃你的优越感

朋友往往是我们最容易忽略的人，因为在你的印象中，总是以为无论你说出什么样的话都能得到朋友的谅解。但请不要忘记，无论是哪一段感情，都需要你去认真经营。所以即便是和自己最要好的朋友聊天、谈话，也不要粗心大意，说出了一些伤人伤己的话而不自知。

你是不是也有这样的做法，当你与朋友聊天的时候，总是不经意间就会表露自己的优势，自然地升起一种优越感？如果你有过这样的行为，一定要注意，因为这可是破坏你与朋友之间感情最重要的一点。无论与谁交谈，都不要因为一点点优势就显现出优越感，时时刻刻把“我”放在首位，这样的做法只会让人反感。

在你突出了朋友的表现而隐藏自己的时候，对方就会从心底里升出一种被需要的感觉，这会让他们觉得和你在一起是一种快乐。但是当你只顾着表现自己而忽略了朋友的时候，他们就会产生一种自卑感，虽然对你羡慕，但只会让他们觉得和你在一起有压力，因此就会对你避而远之。

人人都有虚荣心，都渴望享受那种被人重视的感觉。所以假如你能学会满足别人的虚荣心，让他人觉得有面子，那这对于他人来说就是最好的赞美，一定会对你心存好感，希望和你成为最好的朋友，同时还会时刻想着回报你。

19世纪英国的政治家斐尔爵士就懂得这个道理，他告诫过那些曾经向他求教的人："如果可能的话，要比别人聪明，却不要告诉人家你比他聪明。"

这种虚荣感存在于每一个人的心底，谁都不会例外。所以，无论和朋友谈论什么样的事情，都不要在你的言语中显示出优越感，否则就会伤害或者得罪朋友。强者往往是温柔的，这种温柔大多时候都表现为与人谈话时的平等，也正是基于此才让强者显得更加光辉，更加强大。也才让你的朋友能够从你的身上感受到温暖和快乐，拉近你与朋友的距离。

## 乱开玩笑容易遭人嫌

幽默是灵感与智慧的表达，在人际交往过程中，有不容忽视的作用。

幽默的话语，在各个场合中有不同的作用，如果是对朋友，那可以起到活跃气氛、增进友情的作用；如果是在职场上，那可以加强人际关系；如果针对的是商业伙伴，那就可以在笑声中争取客户，赢得利益……

但一定要注意，开玩笑虽然能拉近彼此距离，但是一定不能过头，要有度，否则反而会弄得局面尴尬，引起别人的反感，甚至会难以收场。

李丽是个活泼机灵的女孩，爱说爱笑，走到哪里哪里都是一片欢声笑语，所以同事们都很喜欢她，但也是因为爱开玩笑，她因此得罪了上司，一连几次，公司的升职名单都没有她。

事情要追溯到那天早晨，李丽带着一位重要客户来到老板办公室谈生意。结束时，客户看到老板刚劲有力的签名，赞不绝口道："您的这一手字可真气派！"李丽听了，开玩笑说："那是一定的，我们老板也只有自己的名字写得最好。”话刚一出，老板的脸色顿时晴转多云了。

开玩笑可以使彼此之间感觉更亲近，加强人际交往，但是玩笑开得过分致使朋友反目的例子，也是比比皆是。所以，开玩笑必须掌握好分寸，如果玩笑开得过分，甚至带有人身攻击的性质，就会极大地破坏人际关系。

任何人都有弱点，这就要求人们不能拿别人的缺点做笑料，因为人们都会对自己的弱点或缺陷等十分在意，谁也不会微笑着任由你揭开自己的伤疤，任你随意取笑，所以，不要因为一句小小的玩笑话而毁了两个人之间的友情，致使朋友反目，场面尴尬，那可真是得不偿失了。

开玩笑时，出发点应纯属为了娱乐，千万不能刻意嘲笑、讥讽甚至贬低对方，更不能有指桑骂槐，借此提高自己的目的。

开玩笑还应因人、因时、因环境而异，分清对象和场合：对象不同，对玩笑的接受程度也大不一样，同一个玩笑，不同的人可能会有不同的效果；场合不对，很可能会伤害对方，引起别人的反感。尤其是在严肃、安静的场合或者悲哀的气氛中，不能乱开玩笑。

没有幽默细胞的人和没有笑声的生活都是无味的。在交谈中，适度地开个玩笑，可以平复紧张的情绪，营造出一个轻松、欢快的氛围。但是，开玩笑要一定要谨慎，掌握好尺度，不然会得不偿失。

## 巧妙运用“如果我是你”

友情是世界上最纯真的感情，它虽没有亲情血浓于水的保证，但却往往比亲情还要让人感动。不过这份感动也是需要你用心去经营的，否则就会出现裂痕。所以朋友之间也需要真诚相待，需要真正的关心。

与朋友相处时，不要太过于自我，应尽量站在朋友的角度去看问题，尤其是在劝说朋友的时候，一定要注意说话的技巧，太直接的说话方式，即便是朋友也很难接受。因此要想让朋友相信你的话，并按照你的意见行事，那你就要想办法让你的朋友完全信任你，最好的办法就是设身处地站在对方的角度去考虑，找到朋友最关心的事情。即便是这样也并不代表成功，因为表达也是一个问题，如何将你的关心正确地表达出来呢？

最为简单的方式就是一句“如果我是你”。你可不要小看这句话，它所发挥的效力是不可限量的。尤其是在你与朋友聊天的过程中，如果无意中使用了一些不太得当的言辞，朋友已经有点情绪上的波动，有了生气的意思时，不要惊慌，巧妙地运用这句

“如果我是你”，就能很快弥补你言辞上的过失，平复朋友的心情。不仅如此，它还能让朋友及时地进行自我反省，感觉到你的话确实有道理，这时候他才会卸下心理的防备，听从你的劝告。

卡耐基曾经借用某家旅馆的大礼堂进行宣讲。有一天，他突然接到通知，这家礼堂的租金要提高三倍。卡耐基只好去与经理交涉，卡耐基没有直接进行质问，而是平静地说道：“我接到通知时只是有点震惊而已，不过这不怪你。如果我是你的话应该也会这么做，因为作为经理，你的职责就是让旅馆尽可能赢利。”紧接着，卡耐基就给他出谋划策，告诉他该礼堂还能用于办舞会、晚会，这样你能收取更多的利润了。经理觉得有理，终于被说服，不再涨租金。

卡耐基的做法就是一个很好的说明，他跟经理虽不是朋友关系，但仅仅一句简单的“如果我是你也会这么做”，就已经表明了他的立场是站在了经理的位置上，因此经理最终按照他的想法去做。所以要想劝说自己的朋友，也要讲究说话的技巧，这样才能达到事半功倍的效果啊！

## 拒绝朋友要谨慎

在生活中，我们常常会遇到朋友请求帮忙，但这种请求在你的能力范围之外，所以你不得不拒绝。可是总觉得这样做不太好，朋友也会埋怨你不近人情，从而影响到彼此之间的感情。但如果轻易地答应了别人的请求，结果反而让自己陷入了困境，既不能不做又没办法完成，最终浪费了自己的精力和时间，还会伤害到自己与朋友的感情。

所以当我们遇到这样的情况时，对于那些无能为力的请求还是要拒绝，只不过拒绝的话不要太生硬，而是要讲究一定的方式方法，尽量照顾朋友的感受。那我们应该如何做呢?

首先你拒绝的态度一定要温和，一定要把“非常抱歉”或“实在对不起”放在前面，然后告诉朋友他的请求不在自己的能力范围内，并且向他陈述一下自己的难处。这样，朋友在感情上就能接受你不能帮忙的事实，知道你拒绝的是“事”而不是“人”。比如你可以这样说：“实在抱歉，我这几天确实有事脱不开身，但我可以给你推荐个人选，老张在这方面比我精通。你要是不方便直接找他，我可以帮你联系他。”

其次说话不要太生硬，尽量委婉一些，让朋友意识到你是为了他的“利益”而拒绝。这样朋友就会知道，你不帮忙完全是出于好意，并非是你不愿意。这样朋友的心理就会好受很多，不会因此而埋怨你。为了妥善拒绝朋友的请求，你可以这样说：“你先不要着急，我知道这件事情很紧迫，而且我也非常想帮你，但我在这方面确实没什么经验，要是办砸了，那不是既浪费钱又耽误时间吗，而且影响也不好啊。不如这样，我跟你一起想想，看看谁在这方面比较精通，你可以找他帮忙，这样还稳妥一点，你看呢？”

这样的说话方式就会显得委婉很多，要比直接说“不”或者“不行”效果好一些。朋友知道了你的难处，而且还会认为你完全是出于好意才决定不帮这个忙，一旦找到更合适的人选，他一定还会真心地感谢你。

# 第十章

# 谈情说爱，会谈才有爱

**别 输 在 不 会 表 达 上**

> 恋爱要谈、要相处。没有沟通交流，就会显得生硬艰涩。不管是疾风骤雨般的爱情，还是和风细雨般的爱情，都需要加一些如糖似蜜的情话。这样的恋爱才更有甜蜜的味道，令人回味无穷。

## 留下好印象的关键在于第一次谈话

人们相处的第一印象是至关重要的，在生活中会遇到不同的人，更要注意，第一次说话时，分寸要拿捏得当。

有人说："这是个一两秒钟的世界。"这句话深刻揭示了第一印象的重要性。别人对他的感觉和决定要不要跟他交往，很多时候就在于初次见面的那一两秒钟的印象。男女初次约会时，对第一印象就更要加倍重视。

首先，要注意自己的仪表。我们通常短时间对一个人产生好感是来自于他的外在美。因为热爱美追求美是人类的天性。

年轻男女初次约会，都会刻意装饰仪容。然而，许多人都不知道，就仪态美而言，男女是有别的，装饰的重点应各有不同。装饰得好，可以充分显示青春的魅力，否则就会给人以别别扭扭的感觉。当你同你的恋人第一次约会的时候，对方的容貌、仪表、举止言谈、服饰打扮，在双方的心中都会留下深深的印象。"这个人整洁清秀，举止大方"，你对他产生了好感；"这个人邋邋遢遢，蓬头垢面"，你对他印象不佳。也许你们彼此一言未发，可内心深处的好恶都在无声中和盘托出了。

据说有一位颇有才华的年轻作家与一位漂亮的姑娘初识，尽管作家的长相无可挑剔，但是，他不得体的着装、一头蓬乱不堪的头发以及不拘小节地翘二郎腿的“风度”，使他们的相会只持续了难堪的5分钟。姑娘对介绍人说：“看他那邋邋遢遢的样子，很难想象他会对生活有什么情趣。所以，我对他的信心就失去了。”这话虽有点偏颇，但也不无道理。

有些女性尽管没有倾国倾城之姿色，也未必令人“一见钟情”，但她们的仪态美和人情味却能深深打动男子的心。女性在第一次约会时，仪态方面请注意以下各点：

(1)衣饰不宜过于豪华。男人虽然喜欢女人打扮得漂亮，但如果你打扮得像富翁的女儿，反而会把男人吓跑。他们会考虑能否负担得起对衣饰如此讲究的妻子。

(2)不可多搽化妆品。唇膏的色泽要淡一些；化妆要讲究技巧，不要打扮得过于妖艳；白天不宜浓妆，否则使人感到俗气。

(3)举止要端庄文雅。尤其在公共场所，不应有过于热情的举动。因为这不但显得你太随便、失去矜持，而且在别人看来也很不顺眼，觉得你不够庄重。

当然，在现代生活中，人们的穿衣打扮已经远远超出了御寒遮羞的狭义范围，而被看成是体现社会文明程度、生活条件和人的精神面貌的反映。穿衣打扮要注意时代特点、个人的性格特点和自己的形体特点。

其次，要学会开口说话。不少青年男女第一次约会时不知如何开口或说些什么话，由于紧张、畏惧或别的什么原因，原本健谈、幽默和风趣的人也会变得木讷、寡言，甚至手足无措。

其实你大可不必那么紧张，也不要封闭住自己的感情和心灵，如果初次见面你觉得对方还不错，就大胆地向他表示自己的真心和热情，就算你有什么具体的实际要求，也不妨诚恳地说出来；而不要遮遮掩掩，想问不敢问、想说不敢说，把约会变成一个别扭、难堪的聚会，那样就没什么意思了。遇到让自己称心如意的人，就请拿出真心和勇气，放开胆子，大方地去追求吧！

在任何场合，男性主动同女性打招呼、问好都是一种礼貌；在恋爱时，男性更要主动开口，并尽量展开话题，不要出现冷场现象。

张明经人介绍与李晴姑娘认识，他们在一个星光灿烂的夜晚会面。

张明首先开口说“你好！我已经等了你很长时间了，真怕你突然改变主意不来了，那我就惨了。你觉得我怎么样？首先外观上你能通过吗？我这个人最大的缺点是不会装扮自己，所以迫切想找个贤内助帮我料理收拾。如果能那样子的话，你一定会发现，一经打扮，我还挺不错的呢！不要笑，我这个人就好开玩笑，虽然工资不高，但生性乐观、爱好广泛，如听音乐、打篮球、游泳、看书等，又好动又好静，你呢？”

如此这般，张明很自然地展开话题，并诱发姑娘说话，从中探测她的兴趣爱好，可谓一举两得。

大多数女孩子表达感情的方式比较含蓄，内心爱情如潮涌，表面上却很平静，看不出丝毫痕迹，甚至还略显冷漠地来掩饰自己的真情实感。她们在第一次见面时，往往不大愿意多说话，但又不能不说，所以言语较为谨慎，带点探询、含糊其词等特征，或假装天真、糊涂，让对方多说，以便观察、了解对方的为人。

“我是不是来晚了？我没想到你会约我。”

“我也不知道怎么回事，最近总是心神不定。”

“我第一次看到你，就觉得你挺特别的。”

“你觉得你自己有什么优点？”

女孩子的爱一般表现在行动上，而在语言上不大能表现出来。所以恋爱时，还是以男孩子主动开口说话为佳。

要明白，女孩子喜欢大胆、直率和真诚的男孩子，只要男孩子能把握住夸奖、赞美的原则，让女孩听了感觉愉快、甜蜜，双方就一定能继续交往下去。但切忌说肉麻、太露骨的话语，那样反而会把女孩吓跑。

有一种传统的由媒妁牵线、撮合发生恋爱关系方式。基于这种情况的男女大多是些性格内向、忠厚老实且默默无闻的人。当你赴约相见的时候，无论男方或女方，都要克制忐忑不安的心情，用不着羞羞答答，更不应该寡言少语、吞吞吐吐，而要落落大方，主动交谈。就身边的一些小问题，进行简单交谈，譬如，谈天气、周围环境、所见所闻，然后再言归正传，谈年龄、文化程度、工作、性格、嗜好、家庭状况、社会关系等。对于心灵深处的流露、情感方面的表白，可含蓄、委婉、曲折些——这毕竟是“第一次交谈”，留点话题为以后交谈提供条件。

在现代文明社会中，仅仅以貌取人、以风度定优劣固然不可取，但不可否认，一个人的言谈举止、音容笑貌、服饰打扮，在一定程度上反映着这个人的精神世界和审美情趣。一个人一举手一投足、一笑一颦，都会给人留下或美或丑的印象。人与人的相识、相知总是从第一印象开始的，虽然这只注重了外在与表层，不无片面和虚假的弊病，但在恋人之间，它的作用实在不可小觑。爱情的萌发来源于好感，而人们的好感离不开第一印象。当汪杜洛小姐与戴高乐相逢时，她楚楚动人、温和雅丽的风度给戴高乐留下了很好的“第一印象”。因此，我们一定要重视第一印象，给对方一种良好的感觉。

## 用语言攻势哄到对方心软

要想邀请自己的心上人出去游玩，在很多男孩子看来，不是一件很容易的事，因为女孩碍于矜持和体面，通常会拒绝邀请。但是，你若在此处止步不前了，自然也会无果而终。其实女孩都需要男孩“哄”，只要你哄得恰到好处，问题看来也不是那么难。

多数时候，你最好单刀直入，不给她说“不”的机会。当你要去邀请她时，不要用商量的口气问她“愿不愿意……”之类的话，而最好武断地说：“咱们一道去……”

虽然女人也有不愿意与你同行的时候，但是如果她想说“不”的话，则多少会给她造成心理负担，使她对你有一种歉疚感。

然而，你如果用“愿意不愿意……”这种问法，乍看起来好像非常“绅士”，但事实上却给了对方说“好”或“不”的两种机会。不用多说，责任上的分担都推给了对方，警戒心高的女人，为了不节外生枝，干脆就摇头对你说“不”了。

下面是一位小伙子煞费苦心地劝说女朋友答应他的邀约的

对话。

“你今天真漂亮。晚上6点钟我们出去吃顿饭、聊聊天，好吗？”

“不行。”

“我们应该彼此多了解一点。就在6点钟好了，到时我来接你。”

“不行。”

“说不定我们可以遇到一个我们喜欢的人，或是一件有趣的事呢！就今晚6点钟吧？”

“不行。”

“6点钟见面以后，我们可以吃顿饭、看场电影，然后到咖啡厅去坐坐，我们会有一个非常美妙的夜晚的，还是去吧！”

“是吗？”

“我发觉我越来越喜欢你，今天晚上一定要见到你，就6点钟，我来接你。”

“那好吧，就6点钟见。”

这是一个聪明的男孩，他使出了浑身解数，终于让对方由说“不”到说“是”。他不断地给对方勾勒出一幅美好的预期的画面，最后女孩终于动心了。

还有一些男孩在邀请女孩的时候以情真意切为主打，让女孩感觉到温暖、真心，女孩被打动了，自然会对你言听计从。这是一封男孩写给他喜欢的女孩的邀请信，它包含着满怀的激情和热爱，执著与关怀。

在这之前我想先向你道谢，谢谢你借我一双手和我一起抗衡寂寞的冷，战胜寂寞，谢谢你为我剪短思念，照亮黑夜。

《哈利·波特》是一部很不错的电影，不是吗？主角们受到攻击时，我听见你细声低喊；舞会那一幕，我们都看得很入迷，我恨不得拉着你跳进去和他们一起共舞；主角与巨龙战斗那8分钟，你的呼吸被音乐操控了，我陪你一起紧张；年轻有为的角色死得如此可惜，你的叹息让我的心漏跳了一拍。

回程的时候，我的呼吸有点急促。能和你交谈的话题很少，因为我不健谈。我的CD播放了很多歌，张栋梁的、杜德伟的、李圣杰的、品冠的、光良的，你只哼过李圣杰的《痴心绝对》。唔，我会记起来，痴心绝对。

我双手握着方向盘，我知道回家的方向，却不知道自己的方向。你总是让我迷惘。空调散出的低温空气是绷紧的气氛，笼罩着车子里的两个人。你说Good bye、Good night，把我的快乐辛酸留了下来。我把车子停在原地，才发觉车子里缺少的气体是勇气。我说再见，因为我想再见。

我想向你道歉，原谅我的不健谈。我决定再邀你看一场电影以示歉意。放心，我会预先选好位子，不会像这次坐在F15和F16的位子。坐在这位子会令我们的脖子很酸，这一家戏院的冷气也特别冷。唔，好的，下次我会记得带外套。

再次向你道歉，原谅我不够细心，忘了带外套为你御寒，忘了预先选好位子，忘了买好可乐和爆米花给你享用。一切一切，我都感到深深的歉意。

别担心我，得不到你的原谅，我只是会魂不守舍，上课没心听课导致成绩下降、走路撞到柱子搞得头昏脑胀、忘记吃饭令我虽生犹死、睡不了觉引起情绪不稳定、驾车不专心撞出一场世界性的创举而已。基本上，死不了，所以你有权利不原谅我。但是，基于基本的礼貌，我觉得我还是得等你原谅，等你给我一个赎罪的机会。

这样诚挚的话语，恐怕对方是很难拒绝了。这个男孩无疑又多了一次让对方了解他的机会。

“谨慎”“谦恭”“有风度”是男人的传统美德和本能表现。因此，在邀请女孩出游的时候要拿出你的勇气，让她们看到你的决心与诚意。女孩子其实都是需要耐心哄的，也是很容易心软的。

## 有谈才有爱

之所以说“谈”恋爱，也就是说有“谈”才会有爱。所以，在恋爱过程中，要经常给“谈”提供机会，这就要靠约会来加强了解，增进感情，对于陌生男女来说约会更是加强思想交流的重要机会。但是，当你忐忑不安地邀请心仪已久的异性一起约会时，对方却婉言拒绝了你，你的内心深处能否承受得了这种沉重打击呢?

如果你有如下几个妙招，懂得以语言作为武器，就一定能为自己的爱情奋力回击。

一般说来，女孩若想拒绝男孩的邀约，一定会想出若干理由拒绝。若是碰到她们不感兴趣的或者自己难以把握感情时，搪塞的理由就会很大众化，比如说“我有事”或“我今天加班”。如果你就此相信了，或者退让了，那么遗憾地告诉你，你恐怕再也没有机会和她约会了。

王磊打电话邀请女友孙芳吃饭时说：“今天我想和你一起去吃火锅，好不好？”但孙芳并不想去，随便找了个借口拒绝了：

“真是很不巧，我们公司最近太忙了，连续好几天都要加班，要到很晚，可能不能和你一起吃饭了。”王磊并没有退缩，因为他知道，如果他放弃邀请，那么，孙芳一定会认为自己对她的感情不能持之以恒，而对他感到非常失望。对此，王磊说：“知道你很忙，但是还是要吃饭啊，你不知道，这几天没见你，我是多么的想你啊。不如一起吃饭陪陪我。吃完饭，我陪你一起加班，好吗？”孙芳听了，哪还好意思拒绝，嗔怪道：“讨厌，到时候工作做不完，让你好看。”虽是这样说，但是明显已经答应了。

当感情还没有发展到爱情的时候，想要成功约到对方可不是件简单的事。这就要求一定要有一个合情合理，又不能太过直白的理由，让她觉得和你约会是情理之中的事。所以，要充分发挥自己的聪明头脑，想一个别出心裁的好办法。

万事开头难，邀约虽然看起来不容易，但如果你是真心真意的邀约，对方迟早会接纳你。

## 真情实情是打开对方心门的钥匙

孙犁的名作——《荷花淀》，就像一幅充满诗意的爱情风俗画。水生夫妻的对话就是一首令人回味无穷的爱情诗，其中洋溢着无比的真诚与真情。

水生嫂以温柔体贴的话语表达出了对丈夫的深情，她了解丈夫——朴实勤劳、积极能干，小苇庄的游击组长、党支书记，她怎能不爱他呢？所以，当水生从区上回来时，她首先要问的便是“今天怎么回来得这么晚？”语气温柔，充满了体贴关切的感情。轻轻的一句话，却包含了这样的意思：今天你在外面怎么样？这么晚怎不叫人心急？你吃饭了吗？有的只是宽厚贤淑和温柔之情。仿佛是荷花淀飘来的温馨的荷香，让水生顿觉轻松，一天的疲劳也消失了。当水生询问儿子的情况时，水生嫂又轻言细语地说：“和爷爷收了半天虾篓，早就睡了。”言语不多，却有许多信息。她讲了儿子和公公的一天活动，她以“儿子早睡了”含蓄地露出了那种嗔怪丈夫回来太晚的心境，但这种嗔怪却是一种关心、一种疼爱。

水生和水生嫂这样一对仅仅是粗通文墨的青年农民夫妻的对话里面，没有丝毫语言修辞的炫弄。这里有的只是夫妻间倾心商谈的平常话语，有的只是夫妻间倾注了深厚情爱的言辞。此时的语言像他们的感情一样朴实无华、简洁明了。

水生和水生嫂的感情是令人羡慕的，他们之间没有丝毫掩饰和造作，用简单的语言诉说各自的最真的情感，夫妻间的融洽也就是在平淡如水的话语中不知不觉地增强了。

要“小性子”可以说是女孩子的天性，恋爱中的女孩子更是如此。她们常为男友的言行不符合自己的心意而要性子、赌气、抹眼泪。其实，她们心里并不是真的生男友的气，而是故意生气，看男友是不是会过来哄，这时候的男士就应该抓住机会表达真情实意。

一天傍晚，小迪与小光两人为一件小事闹了点别扭。分手时，小光本想按惯例送小迪回家，可小迪却执意不肯。小光拗不过小迪，只好答应，但又担心小迪的安全，只好在后面远远地跟着，看小迪进了家门。小迪回到家，电话就响了。她抓起电话，听筒里传来小光的声音：“迪，我是光。”小迪听出是小光，正要放下电话，又听小光说：“迪，看见你到了家，我也就放心了，晚上好好休息，我也回家了。”听了小光的一番话，小迪跑到窗边，看到小光离去的背影，泪水夺眶而出，此时的她，心里只有感动，哪还顾得上生气啊。小光不失时机的一番关爱之语，向恋人传送了自己的关心与牵挂。语虽短，意却浓；话虽简，情却真。令对方不由得怦然心动，怨气全消。

当恋爱中的人真情流露时，都会让对方感动至深。情真意切是爱的灵魂，没有真心实意，谈爱就是空洞或虚假的，只有向对方表露诚意，对方才会有同样的回应。

# 爱情需要甜言蜜语

男女相处的时候，有时甜言蜜语非常受用，尤其是爱侣已到了接近谈婚论嫁的阶段，不妨大胆些，在言语间多放点“蜜”。沐浴在爱河中的人，是不用客套的字眼的。任何海誓山盟，“爱你爱到入骨”的话也可以说，不必怕肉麻，除非你并不爱他。与他久别重逢时你可以讲：

“好像在做梦，多么希望永远不要清醒。”你以充满爱意的眼神望着他：“总是惦念着你！别的事我一概不想……我感觉好像一直跟你在一起。”

这是“无法忘怀、时时忆起”的心境，只要谈过恋爱的男女，一定有此体验。除了他以外，任何事都不放在眼中，总是想念着他。上面那句话不用怕羞，可以反复使用。相爱之初，热烈的甜言蜜语绝对不会使人感到厌烦，也许还会认为不够呢！

“你喜欢我吗？”你不妨大胆地问他。

“说说看，喜欢到什么程度？”“你发誓，永远爱我！”甚至你单刀直入地这样对他撒娇说，“世界是为我们而存在，对不